邊緣印度

那些被隱藏的故事和女人

程敏淑 著

推薦序

臺灣大學社會工作學系教授　鄭麗珍

最近我收到一封邀請信，希望我能為一本有關印度女性無家者的生活經驗的書寫一個推薦序，以便更多的人能夠認識女性無家者這雙重身分的社會邊緣人。我感到很有趣，是怎麼樣的人會對這麼的邊緣的社會議題有興趣？作家適用什麼角度來書寫這本書的？基於好奇，我就答應了這件事情。

我目前在大學的社會工作學系任教，我的學術生涯大多是跟貧窮議題有關的研究主題，期待從研究中找到貧窮的致因，更期待的是從研究中找到可以協助他們脫離貧窮風險的策略。雖然所有的實證研究結果都顯示，經濟匱乏固然和個人的人力資本太低有關，但研究進一步顯示，人力資本的高低卻受到更巨視的結構因素所影響。例如個人出身貧窮家庭，家人對他的人力資本投資不足；再者，貧窮風險高低經常受到制度性的結構所影響，例如貧窮風險在特定的族群、性別、地區顯得特別的高；甚至於，當社會經歷金融危機或大災難時，貧窮率往往比起昇平時期要高出很多。因此，我認為解決貧窮的問題，還是要靠社會或政府的集體力量才能有所成就。

即便如此，這麼多的實證結果仍無法戰勝許多人的偏見歸因，這許多人仍一再地告訴我，個人之所以貧窮還是跟他懶惰不愛工作有關、跟他缺乏上進心、工作倫理、家庭關係不好有關。在他們的想像中，個人之所以會貧窮，彷彿是個人的抉擇，只要貧民願意改變他們現在的態度和價值觀，找個工作，問題就解決了。就像我在課堂上總是跟學生說，「給他魚吃，不如給他釣竿」固然部分真實，但如果漁場的魚根本不夠大家分著釣，釣術極佳又能如何？做為一個研究貧窮的學者來說，要去挑戰如此固著的主觀而偏見的歸因並非容易的事情，更何況是無家者的貧窮問題。

我第一次接觸無家者（遊民），是在民國92年，當時是為了回應內政部社會司之邀請，幫他們做一個有關於臺灣遊民的生活調查，十年後我又做了一次類似的生活調查。我必須說，無家者的問題可以說是貧窮問題中的重中之重，因為他們不只是無錢購買食物，還沒有可以遮風避雨的屋頂，更別提可以安穩睡個好覺的處所。在我所調查的對象中，男性無家者占了九成，女性無家者僅占一成。男性變成無家者的歷程中大多都跟勞動力市場失利的因素有關，但女性變成無家者的歷程就比較令人困惑了。因為在我們的社會裡，無論是否具有主體性，女性一直扮演被照顧者的角色，應該不容易會流落街頭、無人照顧。

在我的訪談裡，有些女性無家曾經是遭受家庭暴力的受害人，有些女性無家者則深受精神性疾病所苦，有些女性無家者本身甚至是身心障礙者，他們的情況的確比起男性無家者，生存的條件不利許多。如果去觀察女性無家者，你會發現她們有時候會跟著一位男性無家者一起流浪，有些女性無家者會全身髒兮兮、身體發出惡臭，有時候她們會突然獲得食物、穿上新衣服，而女性無家者遭受性侵或控制更是時有所聞。這些多變的女性無家者之樣貌隱喻了她們在街頭過著所什麼樣的生活呢？她們如何因應街頭生活裡的食衣住行呢？交織在性別和無家者雙重身分又會是如何邊緣化她們？女性無家者在街頭生活所遭遇的挑戰的確是需要社會更多的注意和關懷。

「邊緣印度」的作家是程敏淑小姐，她是一位國際志工，因緣際會曾經多次造訪印度，對於印度社會結構和脈絡非常熟悉，此次選擇印度的女性無家者作為她寫書的主體。在我收到這本書的稿件後，我花了一些時間細細閱讀。這本書的文筆相當流暢，文字敘述帶著濃厚的感情，顯示作家幾乎是用自己的生命來寫實創作。我發現，不同於其他有關無家者的作品，作家客觀的介紹一個一個無家者的故事，這位作家不只是訴說她們的故事，更重要的是她用的是第一人稱，來分享她的所見所聞所評，並不是單純的故事敘說。她用深度同理的態度訪談書中女性無家者所經驗的貧窮苦難，更引導讀者進入女性無家者存在的印度社會脈絡；在引導讀者認識她們的同時，也帶領讀者進入她們的生活場域，例如舊德里火車站、雅穆納市集、G·B·路等。在書寫時，作家更不時的提出有關人們的偏見歧視對女性無家者的不公平對待，也反思著自由平等及社會正義之社會的可得性何在。

本書中所描述的女性無家者，出入街頭的景象是相當的觸目驚心的，受訪女性喃喃自述的生命故事更是血淚斑斑，和我過去所互動的臺灣女性無家者的不幸生命經驗相當類似，但她們所經歷的殘酷底層生活經驗、社會歧視偏見的對待，比起臺灣的無家者的生活悲慘程度應該是有過之而不及吧！在臺灣，因為民間團體的倡議，政府的負責任，比起印度，臺灣政府對於無家者近年來所提供的福利服務確實有些進步，例如緊急性或暫時性的食物提供、盥洗服務、醫療服務等，無家者大多可以向縣市政府的社工部門求助。但無家者真正需要的，不只是食衣，更需要的是一個晚上可以安穩睡覺的處所、可以自由伸展進出的安全住所，落實「Housing First」這個策略才是解決無家者最好的方法，接著才能再和她們討論穩定就醫、穩定就業等勞動力提升的服務。

說真的，我在閱讀時，自己深受作家充滿情感的描述筆觸，有時也震懾於字裡行間中犀利的批判論點，更欽佩作家藉由書寫所傳遞的自由平等的高尚情操。因此，我向大家推薦「邊緣印度」，相信讀者讀的不只是單純的女性無家者故事，瞭解印度女性無家者的貧困景象，還可以時時反思咀嚼作家所想表達的直觀與辯證的觀點，提升你對貧窮、人性、社會的理解，這是一本值得閱讀的書。

目錄

獻給那些十分認眞注視他人與世界
有時灰心喪志
甚至常質疑自己不夠好的人們

請相信你們的用力
並不孤單

也謝謝你們
願意走進各種百轉千迴的糾結

那些自問自答自我拆解
都是爲了共好

願我們 一起 更好

前言　聯盟家庭？

二〇一二年，在印度德里服務無家者的貝格哈基金會向德里政府承包經營管理三間街友庇護所，兩間收容單身男性、一間收容家庭。

當時我服務的國際志工組織，欲資助他們提出的送餐與婦女職訓計畫。貝格哈本身沒有固定的辦公室，計畫都是利用庇護所的空間及其人際網絡進行。例如，送餐計畫鎖定男性庇護所的使用者為客戶，以平易近人的價格販售午餐，並直接將餐點配送至街友工作的地方。

「我希望能讓街友們吃得健康，畢竟他們大部分的工作都是粗重勞力活，身體是他們最重要的本錢。也希望可以同時透過送餐做外展，和各區域的街友建立更強的連結，吸引更多人加入街友倡權團體，將力量組織起來。」貝格哈創辦人之一的阿拉夫說。

至於婦女職訓計畫則是利用家庭庇護所白天閒置的場地上課。他們期待若庇護所和這兩個方案經營得當，街友們來去的頻率將因此降低，工作人員亦能據此與無家者建立更深的關係與連結，再慢慢增闢以庇護所為據點的其他教育培力方案。

我們共同勾勒藍圖，期待往更好的未來邁進，訪問時卻意外得知他們新近的困擾。某個家庭庇護所的入住家庭，在相處一陣後向他們吐露實情，意即自己表面上看似家庭，實際上做父母的既非夫妻，同住的孩子亦非其骨肉，他們的聚合，只是為了更便於生存。工作人員坦承自己的為難，表示若將這「家」人拆開為獨立個體來看待，在現行社福制度下並不會得到更好的協助方式，只好選擇睜一隻眼閉一隻眼，繼續保密讓他們一起住在庇護所裡。

想問更多關於那「家」人的情況，他們卻無可補充，說那是無人涉足的領域，即使他們也很想更加深入了解，但街頭沒人會輕易透露這些隱私給別人。「我們缺乏這種研究，無法統計街上這樣的例子有多少，街頭有著各式各樣的生態。」當時一起構想服務計劃的德凡許無奈地說。最後，我們只能一起帶著滿頭問號，勉強給這情況下了個稱號——「聯盟家庭」。

大學畢業即投入國際志工領域，視野幅寬瞬間被拉大，接觸全球眾多的發展議題，不再僅限於個人生命或職涯成長。能動空間擴張，卻在服務時深感自己未受足夠專業訓練，更多是用初出茅廬的熱忱去嘗試碰撞與建構。因此即使服務過程中充滿感動與學習，總覺得那正面助力不足以翻轉社會結構問題，內心深處揮不去只是在隔靴搔癢的擔憂疑慮，矛盾心情與無力感交織出現，於是工作數年後決定重回校園進修，期待利用學術重新充實自我，並試圖回答工作時累積的滿腹疑問。

進入研究所攻讀人道救援與衝突解決，熟悉了國際通用的救助標準與實務技巧，知道如何在天災人禍中運用有限資源照顧營養不良的孩童婦女，設立乾淨的水資源供應站，建立並維持衛生標準等，看似習得些許專業技能，對該如何面對社會問題的疑問卻是不減反增。

當每日新聞頭條不停刷新，分析著快速變遷的國際政治及經貿局勢，我雖努力吸收新知，練習思考如何系統性的解決問題，內心深處卻忍不住懷疑起經濟發展的涓滴效應，是否真能幫助到社會底層的人們？

研究美國社會政策的學者莫瑞（註1）觀察到一般人的時間觀是線性的，他們能為了期待中的未來改變而努力，毫無顧慮的往前，但街上生活使無家者的時間觀更近似迴旋式的，無法帶他們到任何新的起點。他們像旋轉木馬，現實被滿足基本溫飽和確保安全無虞所占滿，每日被維持生存的不同時間規律所制約，如發放食物的時間會因地點而不同，用水與盥洗的諸多限制等，在在都耗盡他們能想像與創造未來的心力。好不容易破了一關，明天又是同樣挑戰，缺乏累積以至於跳出循環的可能。

「如果有一個人不自由，我們全都不自由。」積極意義的和平不該只是沒有戰事，而是能讓每個人都共同享有免除恐懼及免於匱乏的自由。

忘不了印度無家者給我的衝擊，無法理解為何首都能容許貧窮與苦難如此赤裸地充斥在人們日常生活中。他們不在遠方，未被隔離，時時得被人觀看，但人們早已視若無睹。而那些無視，真的是無動於衷？或只是無能為力？人們共存在同樣的物理空間維度，身體與心理卻鮮有交集，彷若彼此活在平行時空。那隨處而見的冷漠或麻木，使街頭景象漸漸盤據在心，好奇不斷加深，疑問越積越多。

如果必須走上街頭維生，無家者之前的生命究竟經歷了什麼？如何在沒有保障的環境生存？他們是否有歸屬感？又如何看待自我？更重要的是，當人們認為一切都在向前進步的同時，街頭人們的生活情景究竟有多少改變？

那些疑問逐漸滲進血肉，雖然身體細胞每幾個月就會更新重生，但塞滿對無家者片段印象的記憶抽屜，卻不曾減輕其沉重內涵。在心中，那些以片段資訊堆砌出的，不是風光明媚的登山步道，更像初鑿的礦坑，裡頭無光、空氣有限，充滿謎團與問號，卻始終散發懾人神祕。那如黑洞般的吸引，並非突發的熱情，而是一點一滴在潛意識中慢慢沉積堆疊而成。有個內在聲音催促我親自探詢，呼喚我多做點什麼來回應那坐立不安，於是決定透過論文研究回到熟悉場域重新定睛。

二〇一五年七月，我再次踏上印度，花四個月的時間接觸與探問，卻發現其中的錯綜複雜超出自己所能處理負荷，於是又花了更多時間，不斷反思書寫當時所見所想，緩慢的淘洗沉澱。或許書中描述的情景是讀者們從未涉及的遠方，只希望最後讀完，你們能感受到對這些事物的思索不全然只是針對他方，也能對應到我們身旁。

註1：查爾斯・莫瑞（Charles Murray）在1984年所著的《失勢：美國1950–1980年的社會政策》《Losing Ground: American Social Policy, 1950—1980》

【前篇】

投入

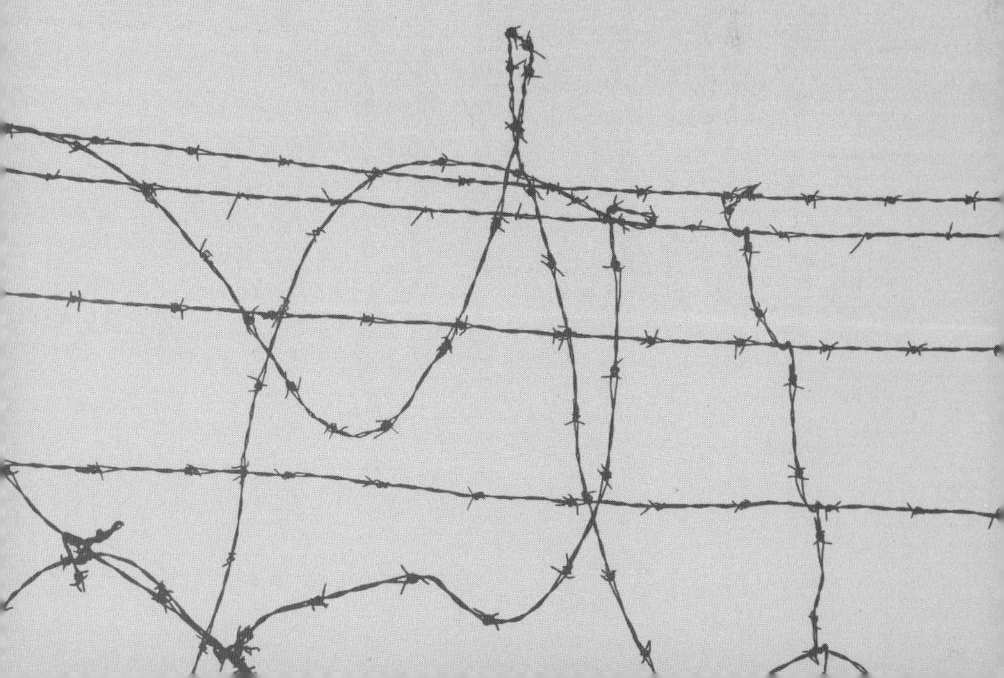

誰是無家者?

落入無家可歸或居無定所狀態的人被歸類為一個群體，被貼上負面標籤。當我們高掛進步的旗幟，宣稱人類生活過得比以前好，那為數眾多的無家者，或許正揭示了進步主義中暗藏的偽善。體制似乎將無家問題歸咎為個人責任，將他們劃進不夠努力才會跟不上的類別，疏於檢視其中的結構成因。

聯合國人口基金(United Nations Population Funds)在二〇一五年的報告中估計，世界上總人口數為七十三億，其中十六億住在不宜人居之所，而比貧民窟居民更無從屬之地的無家者則超過一億人，並預測在二〇三〇年，世界人口將增長至八十六億，當中棲身於不宜居之處者將達到三十億，無家者則會增至一億五千萬人。聯合國指出這增長速度是需要全球共同緊急回應的嚴重人權危機，更呼籲世界各國不僅要嘗試理解其成因，更要想辦法改善。

如果無家可歸只是個人責任問題，那麼是否邊緣弱勢者的增長倍數應與人口成長數維持等比，而非急遽增加？

越來越多人湧進德里，城市化在介於發展中與已發展國家間的印度，以起飛的態勢飆升。二〇一一年，印度每十年一度的人口普查指出，德里有一千六百六十六萬人口；聯合國人口基金二〇一五年的報告則估計德里人口已近兩千五百萬，名列世界第二大城，僅次於日本東京的三千八百萬人口。他們甚至依其發展趨勢大膽預估，德里將在二〇三〇年超越東京成為世界第一大城。

印度及德里政府期待將首都打造成一個全球都市，具備能與其他大都會城市並駕齊驅的特色，設立國際商業中心，吸引跨國公司進駐等，但只要親自走一趟，就會明瞭發展的不均仍清晰地展示在街頭。原本的都市設計並未考量到人口的大量移入，被人口、車輛與建築擠壓不堪的城市內部幻化成不同次元的空間，各階層的人們同時存在卻又彼此脫節。

自二〇〇一年開始，印度人口普查首次有「無房」（houseless）人口的紀錄。為了方便調查，印度政府捨棄使用定義較為模糊而具質性詮釋空間的「無家」（homeless）稱謂，直接律定「無房者」是包括住在路邊、涵洞裡、高架橋下、樓梯間、涼亭裡、鐵路月台上，或廟宇教堂等宗教聖地附近之開放空間的人們。二〇〇一年的官方數據顯示，德里當時有近兩萬五千名街友，十年後則升至四萬七千名，增加將近一倍，其中女性占了兩成（註1）。

然而，普查結果一公佈，關注街友議題的相關公民團體紛紛組織抗議，詬病政府任意擇定一晚的調查方法，並未考慮到無家者的生活型態，缺乏對此社群的認識，也使統計數據的可信度降低，長年耕耘的單位更公開表示，政府刻意低估無房者數量，只是為了減低此議題的嚴重性。此發言產生莫大政治壓力，於是最高法院、德里城市庇護所改進委員會（註2）及相關非政府組織各推派幾位代表共組一獨立調查機構，承諾將重新詳盡推估德里的無房人口。在他們二〇一四年發表的最新數據中，估計德里約有二十四萬名無房者，幾乎是普查時的五倍。

我仍然想問：若無家可歸只是個人責任的問題，那麼邊緣弱勢者的增長倍數難道不應與人口成長數維持等比，而非急遽增加嗎？

時間：二〇一五年二月　冬天
地點：南德里的尼赫魯高架橋下

每年冬天必定播出的新聞片段，少不了無家者面臨嚴冬時，受苦受難的情形。

身上蓋著毯子，頭上罩住防風帽只露出一小張臉的拉普爾，坐在高架橋下，身邊睡著年幼的兒子和老婆。整場訪問，他的眼睛從未直視攝影機，只偶爾順著提問，轉頭瞥視手拿麥克風蹲在他身旁的記者。

「承包商有提供住宿嗎？」記者問。

「沒有。」

「那有給住宿補貼金嗎？」

「沒有。」

雖未曾主動控訴，但回應問題的一貫否定句式，在在透露出無奈與無助。鏡頭特寫拉普爾的工作識別證，首排是所屬單位——德里地鐵建案，中間是姓名，末排則是他的職務名稱。記者旁白：「他不是乞丐，而是本城最具代表性的發展建案——德里地鐵的工人，但他卻淪落街頭。」工程標案中，法規明訂建商必須提供工人住宿或租金補貼，但即使白紙黑字，建商依舊不害臊地違法。拉普爾不是特例，鏡頭快速掃過其他一樣從拉賈斯坦邦來的境內移工，他們都圍在火堆旁取暖。這工作供他們微薄薪水，卻沒給他們任何其他保障，因此最省錢的方式莫過於帶著一家大小住在工作場所旁邊，一起努力捱過艱苦寒冬。

填補空檔的畫面，攝影記者選擇將他們四處撿拾廢棄物以持續餵養火苗的沉默無語呈現給觀眾。他們是無聲的弱勢，只有記者一人高聲疾呼，對著鏡頭責備德里政府罔顧人命，並呼籲大家捐獻衣物毛毯，捐款帳號則隨著跑馬燈在新聞畫面下方不停流轉。只是這早就不是什麼新鮮報導，類似情景就像不斷重播的芭樂劇，每年總要上演一次，而人們即使仍因劇情露出片刻激情，熱情卻也學著在畫面消失後快速冷卻，注意力轉瞬就被下一則新聞給吸納。

人權論者不接受以個人道德失敗的說法來解釋無家可歸的狀態，指出造成無家可歸的原因多樣，包含個人情況（包括社經地位、家庭狀況、種姓、性別、精神疾病、身體障礙、健康情況、性取向與性認同等）和系統性因素的交互作用，更倡議人們無房可居的根本原因仍在於政府將住房視為商品，將利潤置於人權之上，無視土地的社會公益功能，反而優先保障大型企業投資者的利益，任由歧視窮人的體制無限膨脹。

全球快速的城市化雖使少數人能以驚人的速度積累財富，卻造成多數人的日益貧困，人權論者認為要消除系統性的不平等與不公義，需透過政府興建低價的國民住宅，並協助貧民使他們有足夠的經濟能力租房，才能保障人們的生存權（the right to living）及與其息息相關的適足住房權（the right to housing）。單純的慈善之舉，不足以解決無房者的困境。

位於一切法律之上的印度憲法秉持著自由、博愛、平等、公正原則，重視且捍衛人權，其中第十九條明訂居住自由，而第二十一條關於生命權的條文亦可被擴充解釋為居住權，顯示政府有義務保障與提供人民適宜的住所。但即使如此，許多似是而非的行為仍不斷發生，例如以公眾的健康和安全為由，將無房者標籤為非法使用土地的侵占者，並藉此驅離他們。這令人疑惑，難道所謂的「公眾」或「大眾」福祉，不應包含這群居住在街上的人們嗎？

有些嘗試解決無家可歸問題的政策更暗含偏見和侮辱，完全與人權論者倡議的方向背道而馳，只要將無房者污名化，便能不費吹灰之力地排除他們與其他社會成員所共享的權利。如印度刑法第一〇九和一五一條與一九七八年施行的德里警察法（註3）都給了警察找碴的空間，只要將無房者冠上妨害和平之名，便能合法拘提這些「可疑人士」。因此即使只是單純居住在開放空間，無房者永遠擺脫不了被逮捕和監禁的擔憂。

查閱警政部門資料，得知自二〇〇四年一月至二〇一五年十月間德里共有約三萬四千位無家者死亡，這不是筆小數目，卻從未有人因此被調查或起訴。這群被遺忘的人，在世時未獲看顧，離世時亦乏人悼念，只求死後能得那希冀已久的平靜。

當追求商業利益成為社會主流價值，為了駁斥個人失敗之說，德里街友倡權組織詳列出街友從事的工作種類，如拉人力車、工地做工等，並強調這些在法律裡不受基本薪資和工作合約保障的「非正規行業」（informal sector）實為建造城市的最大功臣。透過彰顯他們對現代資本主義社會的付出與貢獻，提醒有關當局支持與服務他們的義務。訪問拉普爾的新聞片段，用的亦是相同策略。這種論述固然重要，卻排擠了無房者群體中那些不能工作，或工作內容更難以被接受的弱勢群體，街友女性便是其一。

如同世界上多數城市，德里街頭的無家者亦多是有工作的男性，正因市場需要廉價勞工，他們亦能在城市取得鄉村未有的工作機會，供需關係的一推一拉，他們便來到此，但這邏輯卻不適用於街友女性。她們很少是為了工作而上街，反倒是上街後不得不找工作維生，卻也頂多只能當幫傭、清潔工，或撿破爛等，許多人亦仍靠乞討為生。那麼，她們為何來到街上生活？都是像拉普爾的太太一樣，跟著丈夫遷居至此嗎？還是背後有更多不為人知的故事？

另一篇報導試圖刻畫無家者女性面臨之困境，除了畏寒外，睡在開放空間最讓她們害怕的是不肖男子的侵犯。女性身體的弱勢在街上顯露無遺，醒著時還勉強能應對，難防的是入睡後的騷擾。為避免個案往後遭到更多歧視和威脅，記者用馬賽克和變聲機制將女人的面貌聲音都做了特殊處理，但也不知是不是因為同樣的考量，除了年紀與化名外，記者未再深入介紹女人的身分背景，觀眾未能得知她們從哪裡來，處在怎樣的社會人際網絡中，更不曉得她們將往哪裡去。即使新聞露出使大眾意識到她們的無助與弱勢，但那呈現手法似乎只讓觀眾一起陷入絕望。當新聞結束，人們只感到束手無策，縱使頭腦發熱卻渾身無力，不知該從何幫起，或許還和她們一樣產生創傷後壓力反應，潛意識自動逃避可能引發創傷回憶的相關事物。

九〇年代美國學者格列瑟（註4）觀察到人們在談論街友時，幾乎只從單身男性的觀點出發，認識到其中的異質性，她主張將街友分類才能為不同群體的需求做出更適切的回應與幫助。單身男性雖占最大宗，卻僅只是其中一種，仔細觀察，便會發現流落街頭的還包括街友家庭、街童與單身女性等，年紀、性別和有無附屬成員等差異，都會影響他們的需求與面臨的挑戰。

「街友男性被工作定義，街友女性則被『性』（註5）所定義。」美國記者果登如是說。她寫了一本關於美國街友女性的專書（註6），指出西方社會曾把流浪與遊民的概念浪漫化，將其逃離社會束縛的嘗試視為富有邁向未知冒險的勇氣，極具英雄氣概。但這觀點僅只適用於男性，若把相同標籤放到女性身上，浪漫轉身就成了危險，反而不見容於社會，只因女性長久以來都被認為是附屬於家庭之下的。她花時間討論傳統對於女性角色的期待，包括純潔、柔弱、愛家、被動等，因此當女人不論是主動或被動的離家，一旦與這些標籤脫節，多要受譴責。她更進一步說明街友女性被視為危險與墮落，是來自父權主義對女性擺脫其控制的不安。

果登在無家者女性庇護所當志工所記錄的故事是多元的，但比起無家者女性的真實面貌，更令她震驚的是一般人對她們的想像與投射。有人覺得那些勇於離開的女性敢在看不到暗黑隧道盡頭是否有出路或光明之前，就勇於離開充滿暴力的家庭、關係或婚姻，踏上獨立自主求生的旅程，值得正面評價與支持。但鄙棄她們，將她們與心理不正常、骯髒、或妓女劃上等號的亦大有人在。為何會有這樣兩極的評斷？

「我們怎麼對待無家者，定奪於我們怎麼看他們，但我們看不清無家者女性，因為我們對處在社會邊緣的女性總是抱著矛盾的態度。」她深入分析關於聖女與欲女的二元迷思，直指福利政策中對「值不值得被幫助」的判斷仍具歧視性，倡議政府與社會大眾應看到她們真正的面貌與需要，才能提供更完整的安全網。

那麼，印度的無家者女性也是如此嗎？

若非因工作所趨，她們又是為什麼上街呢？街上的生活條件嚴峻，她們又該如何生存？很少在主流媒體或學術論文上看到這類報導，是因她們人數較少？還是因為她們更習於躲進陰暗角落以避開危險？面對各種暴力與危險，如騷擾、性侵或人口販運，我們該如何關注這群沒有房產，或許失去家庭關係網絡，被系統性排斥與歧視，但仍繼續在街上為生存掙扎的無家女性？

內在的聲音漸漸清楚，我想走進他們之中。

註1：Delhi Urban Shelter Improvement Board—DUSIB。

註2：普查確切人數為男37,836人，女9,240人。

註3：1973年施行的印度刑法中的第109條和第151條（Sections 109 and 151 of the Criminal Procedure Code, 1973）及1978年施行的德里警察法（The Delhi Police Act 1978）。

註4：艾琳・格列瑟（Irene Glasser）的相關著作包括1994年的《全球的無家者》《Homelessness in Global Perspective》及1999年和瑞・布里基曼（Rae Bridgman）合著的《在街上闖蕩：從人類學觀點看無家可歸》《Braving the Street: The Anthropology of Homelessness》。

註5：很多人談過中文翻譯sexuality的困難性，作者在此僅單純翻成「性」。更多討論可參考紀大偉、阮芳賦關於如何翻譯sexuality的文章。

註6：史蒂芬妮・果登（Stephanie Golden）1992年所著《在外遊蕩的女人：無家的意義與迷思》《The Women Outside: Meanings and Myths of Homelessness》。

預備姿勢？

紀錄片《印度的女兒》於二〇一五年上映，深入報導二〇一二年德里的公車集體強暴事件，片裡訪問了死刑犯及其辯護律師對事件的詮釋，他們毫不掩飾自己對女性自主的蔑視，要不是用「把一枚鑽石丟在街上，就是會被狗咬走」的說法將強暴之責推給女孩，責備受害女生不夠潔身自愛，在外待到太晚才導致的咎由自取，就是用「一個巴掌拍不響」來合理化自己對女性的缺乏尊重。此片一出立刻引起軒然大波，甚至一度遭印度電視台拒播，擔憂本片僅呈現這種極端信念但未譴責或呈現反面論述，恐讓有同樣想法的男性加深自己的信念，更加膽大妄為。片裡責備跟檢討受害者的價值觀，反映了父權主義中的男性優越意識，也讓我們瞥見隨那價值觀而生，環繞眾人身邊的社會氛圍。

事件發生後，社會更加關注保障女性安全的議題：有人建議增建路燈，減少市內黑暗死角；有人建議在公車、嘟嘟車等交通工具上增設通報系統，以增加嚇阻效果；女權組織也出版手冊，宣導女性自我保護的技巧，並列出入夜後該避免去的危險地方等。至於傳統上規勸女生該如何穿著打扮才不至於引人遐思，甚而惹禍上身的說法，則激怒許多女性主義者，因為重點「不該是限制女生穿什麼，而是該教導男生如何尊重女生，還有怎麼管好自己的身體和衝動！」

這些發想都立意良善，卻讓人不禁思考除街上外，再無處可去的街友女性，該如何面對潛藏各處的危險？

當人們走上街頭為女性聲援抗議，呼籲打造一個安全城市時，不知他們是否曾意識到，縱然建議是為了所有女性而做，但被迫生活在街上的無家女性卻已悄然被排除在那些自保方法之外了。她們身處在面對騷擾或暴力的最前線，卻不是手冊的目標族群，作為底層中的底層，外層中的外層，階級、種姓和性別的交互作用讓她們再度成為弱勢中的弱勢。這些被邊緣化的女人們，她們的生命故事或生活方式究竟是什麼樣貌？她們又是如何看待與表述自己？

撩起好奇的節點慢慢匯聚，決定把它凝結成此次研究的目標，尚未有連成線或面的把握，必須再次透過前輩確認這是不是個好問題。

抵印隔日便和阿拉夫、曼森、德凡許相約見面，這三位自二〇〇九年帶我走入印度街頭的盟友，總不吝分享自己的經驗來幫助我認識印度的街友議題。若非有他們作為後盾，我不會敢選擇投入這麼挑戰的場域。但與以往稍有不同的是，他們這次不再是幾近全知的知識提供者了，即使他們熟悉街頭，對單身女街友的認識卻也和我一樣寥寥無幾。原因在於街頭工作者幾乎都是男性，又礙於男女間的諸多禁忌，他們不曾碰觸過相關議題。所以即便他們都認同這是重要的提問，也得承認這對他們來說亦是全新挑戰。

三人開始從記憶中挖掘可能的線索，先列出印象中曾看過女性街友的區塊。德凡許一開始保守估計約有十來處，殊不知三人成虎、腦洞大開，面對不斷變化的城市景觀、游移不定的人口組成，他們在筆記本上塗塗寫寫、增了又刪、刪了又補，幾經辯論後，最後把我的筆記本一攤，裡頭羅列了德里都會區裡的三十多處地名。原本還開心他們談得熱烈起勁，一見這數量不禁懷疑起自己的能耐。

「困難的地方在於，我們無法確定哪些地方聚集的是『單身』街友女性。」德凡許解釋道。「如果你只是單純想關心女性街友，那很容易就能列出有女性的街友聚落。問題在於『單身』不容易看出來，我們真的很少看到隻身一人出沒的女性無家者，但又無法確定外表看似以『家庭』結構共生的街友是否真有法定或血緣關係，或只是像我之前提到的『聯盟』案例。」

德凡許所說的困擾其來有自，因印度許多邊緣人口沒有身分證明文件，我明白回答這提問的限制在於難以證實。唯有靠著走到人們面前展開對話，親自以肉身相遇才能明白其中的細微差異。當然，將研究焦點放在一般的女性無家者亦無不可，但我假設與家庭一起移居至街上的女性能獲得較好的保護，才想優先聚焦在單身族群上。

聽了我的解釋，他們也點頭表示理解。「沒關係，我們第一個月先做前導訪問，盡量去不同地理位置勘查，了解各地不同生態，之後再來比較箇中差異。」德凡許最後如此總結。

事實上，三人中仍投注全部心力關注無家者議題的人，只剩下曼森了。德凡許幾年前轉至「拯救童年運動」（註1）服務後，專心投入搶救童工、打擊人口販運的工作，縱使仍心繫街友問題，只能利用下班後的時間參與。而阿拉夫在貝格哈基金會未得新一期承接庇護所的標案後，因經費來源短缺，只得暫時放棄志業，在家附近租了個小店面做裁縫以維持生計。明白這群過去的合作夥伴，在這些條件限制下，仍願意為此研究計畫重新相聚與開路，必得要以配合他們為優先。為不打亂大家在各自崗位的工作，又考量到白日街友們可能會去打工或做其他事，不易掌握行蹤，我決定白天到「拯救童年運動」上班，協助規劃他們的志工／實習生管理政策，並藉此時間研讀相關文獻與整理資料，晚上才上街訪問，並視狀況保持隨機應變的彈性。

當天稍早至「拯救童年運動」的辦公室報到，德凡許為我介紹各部門夥伴：包括自己所屬的志工管理部門、研究部門、突襲與搶救部門、友善兒童村莊部門等。二〇一四年機構創辦人獲頒諾貝爾和平獎的振奮仍瀰漫於空氣中，一些熟識的面孔也令我感覺溫暖。另外還有兩位外國工作者在進行獨立計畫，一在調查友善兒童村莊與一般村莊裡公私立學校的學童，對人權和反歧視等概念的認知是否有所差異；二在籌備反兒童性虐待的大型倡議活動。每個人都為著自己想更深入的領域努力，與他們談起議題來個個條理分明、充滿幹勁。機構的法律顧問聽了計畫後更塞給我幾本重要的法令條文小冊，鼓勵我從制度面認識相關議題；研究部門的普許卡拉則聊起自己想深入探討人口販運與性工作的關聯，還說若時間允許也要一起上街訪問。

明白此研究主題並非緊扣搶救童工的使命，因此能獲得他們支持像是又打了劑強心針。過去只是合作組織的聯絡窗口或志工領隊，往往來去匆匆，如今將直接在這裡工作與研究，希望真能貢獻所長，與他們一同學習成長。

工作方面似已準備就緒，卻仍有項最重要的任務尚待處理。到異地做關於無家者的研究，卻必須在計畫開展前幫自己找個「家」，不免有些諷刺。但不得不承認自己的底限是要有個能安定心神的落腳處，才能心無旁騖地投入工作。

搶救部門的羅哈克住在離辦公室僅需十來分鐘路程的鉤分普力區（註2），聽說我正為住房苦惱，問我要不要去看看他鄰居所開專收女生的家庭式旅館（註3）。午餐後他陪我前去看房，從大街彎進小巷，環境狹窄擁擠雜亂的程度也隨之攀升。

一般房型未有額外塗漆，牆壁是晦暗的水泥灰，地面則多了些塵土黃，房間既無對外窗亦無冷氣，只有天花板上掛的風扇在那炎熱雨季裡賣力運轉，試圖驅動悶熱濕氣營造涼爽通風的假象。缺乏天然採光，室內僅有的日光燈不太亮，昏暗中只見房內擺設甚為簡陋，兩張單人床、一張桌子，就是間兩人房。這環境讓人略感壓迫，要努力才能維持住臉上微笑。

幸而房東阿姨對羅哈克說：「她要立刻搬進來嗎？我們現在是三間房住滿六人的狀態……。」這真是及時雨，我趕緊接道：「太好了，我也不想跟人分房，請問有單人房嗎？」本只是禮貌性地想幫雙方找台階下，阿姨卻在猶豫一陣後帶我們穿過陰暗樓梯走道，走進客廳廚房一體成型的主廳。緊連主廳旁有兩間臥室，阿姨打開其中一間，裡頭有張雙人床、兩張塑膠椅、一個已塞滿物品的衣櫃，此外就幾無走動空間。但塑膠椅靠窗，窗外有供曬衣的小陽台，最高的窗格上還有台老舊冷氣坐鎮，與之前的房間相比宛如天堂。

冷冽日光燈照在鋪著紫色床單的雙人床上，在此代表著奢侈。雖幾無隔音效果，廚房客廳陽台及隔壁房間的動靜，都能聽得一清二楚，但除了時間緊迫外，一面也覺得機會難得，這兒的租金是辦公室那區的一半，包三餐，羅哈克又住對面，生活或安全應該都能有所照應。身形圓潤的房東阿姨看來也和善，況且已有六人入住，應不會差到哪裡。不多猶豫，我便決定先投靠這個熱鬧的錫克教家庭。搬進一卡帆布箱，關上僅以小鐵鉤勉強上鎖的木門，將這雅房當成我安放心神的基地。

於此同時，心裡也意識到自己的經歷正可與許多無家者做對照。縱使自己已有一定的資源人脈，都感到要在這大城尋得一安身角落實屬不易，對他們來說想必更難，思及此處不免佩服起他們的堅毅韌性。

只是，以為站穩腳步即可出擊，未免還是太自以為是了。

正當我們規劃好頭幾週上街的時間地點，以為所有安排都已順利上軌道，滿足放鬆任專注力逐漸渙散之際，就像要來個下馬威似的，伴著一陣尖聲怪叫，一隻老鼠突然從天花板的樑柱上摔下。牠嚇壞了，無頭蒼蠅似的四處逃竄，我也不遑多讓，立刻尖叫躍起想跳到高處隔絕恐怖，但客廳裡除地墊外再無其他家具，只好踮腳縮在牆壁角落，祈禱老鼠不會靠近。

但我的驚慌失措絲毫不影響其他三人的泰然自若，他們彷彿有種不由分說的默契，曼森緩緩起身開門，德凡許去拿掃把將老鼠趕上陽台，至於阿拉夫則不動如山，只是靜靜坐著觀察一切。等把那小動物平安送出門，大夥兒重新圍坐在一塊兒後，曼森不解的搔頭問道：「老鼠到底有什麼好怕的？」

他天真的提問令我震顫。對他們來說，老鼠不過是另一個努力求生的生命，沒必要大驚小怪，但我卻已將其與骯髒、病菌、噁心、危險等負面形象緊緊連結而產生恐懼與厭惡，無法坦然接受牠的出現。理智上雖認同他們的看法，想向他們看齊，心底深處卻明白感到自己無法在短時間內改變對標籤的黏著，及因之而起的感受。

「要學習放下標籤，改變既有觀感」，這從天而降的老鼠或許正揭示了外在的研究之路亦是內在的修行之路。

註1：Bachpan Bachao Andolan, BBA。英譯爲Save the Childhood Movement。

註2：Govindpuri。

註3：Paying Guesthouse—PG。我住的地方其實是房東將家裡額外房間分租給女孩，概念上更像包三餐的宿舍。這類住宿型態在德里很常見，特點是便宜方便，房客多是學生或是外地來工作的年輕人。

憤怒還是自卑？

身心狀態與環境如何連結？

即使心中對工作充滿熱情，身體卻是每天都抗拒出門，受不了開門後迎接我的是與清新早晨相去甚遠，散落在巷道兩旁被人們丟棄的各種殘渣穢物，及因其而匯聚各種濃烈的臭氣。雖明白許多人抱持的是「反正會有清潔工會來掃」的心態，還是介意大家連將垃圾包好、整齊堆放的舉手之勞都做不到。

忍住不適，穿梭在如蜘蛛網般密集的巷道裡，像是一出門便進入被真空壓縮在一起的大千世界，小巷裡有各種店面：賣點心雜貨藥品手機背包服飾鞋子電子設備等等等等。這還不是全部，沒幾步就有正在改建房屋的工程，機械聲震耳、粉塵嗆鼻，眼耳鼻身意的資訊頃刻過載，腦系統運轉速度明顯已跟不上，卻仍得時時保持警戒：注意閃避行色匆忙的行人，小心跨過因管線破裂漏水不止而成的水窪，還得讓路給尾大不掉的摩托車，並慎防被輪子輾過濺起的污水噴到。搞得每次出門都像參加越野障礙賽跑那樣，必須屏氣凝神、一鼓作氣的加速通過。但再怎麼小心翼翼，仍防不了停在凌亂交錯電線上的大批烏鴉群，當心力已因處理地面上的挑戰而應接不暇時，鳥屎不費吹灰之力就突襲成功。一個月內還連兩次。

但這些都不算什麼，最讓人揪心的還是那個畫面。

幾乎每天都會在抵達辦公室前的轉角看到他。他年紀不大，頂多二十來歲，膚色黝黑油亮，頭髮卻像乾稻草；眼睛純淨明亮，瞳孔卻只剩沒對焦的空洞無神。他埋頭機械性地重複挑選工作，未曾抬眼與這世界互動，面無表情，看不出他的情緒：是怨懟？憤怒？有希冀？欲望？想不透在缺少選擇的環境下生出的，是習以為常或習得無助？

他站在腳踏車後方拖著的鐵製長形垃圾箱旁，身邊架著掃帚畚箕，垃圾很滿，應該是剛清掃完哪個街區，正在做垃圾分類，他徒手伸進那混著被眾人拋棄不屑、色澤焦深黏膩的垃圾雜燴裡，並從中挑揀出一片片塑膠碎屑，丟進另一個透明大塑膠袋裡。用不著靠近那穢物，嗆鼻氣味就撲面而來，我總要憋氣才不至於反胃，但他卻連眉頭都沒皺一下。

看著那無任何保護的雙手，一次又一次伸進那人類淘汰的產物中，緩慢地打撈起細碎包裝，像是在大海撈針，幾無效率可言，亦無安全防護。很奇怪，那些用明亮色彩裝飾、反射陽光閃閃發亮的塑膠，雖看似遍布各處，卻扭轉不了垃圾整體的灰暗形象。

每天都期待看到他，卻也怕看到他。總覺得他所處的情境彰顯了許多不公，卻找不到可著手改進的方式。就算他所屬的種姓真是負責處理髒污、不可被觸摸之人，他們整理人們遺留給大地的廢物，協助回收再利用，難道不是在為城市減輕罪孽？為何在垃圾質量都明顯激增的現代，處理與淨化的方式仍如此原始粗糙？我們有沒有劃錯重點？何時才會放棄高頌生產的價值，學著讓協助重複循環利用變得更容易、更有尊嚴？

當心理無法承受眾生的樣貌，當身體無法抵擋細菌病毒的入侵，有再大的雄心壯志也只是白搭。

明白健康是工作之本，因此日常生活都謹小慎微，從只喝瓶裝水到緩慢適應喝過濾水，都是為了防止病從口入。怎知那天洗澡一分神鬆懈，習慣便趁勢奪回身體主權，等回神時嘴裡早已含了洗澡水在漱口，趕忙吐掉祈求不會有事，但莫非定律這時絕不會放過人，半夜即開始腹瀉，到隔天仍無休止之勢。硬著頭皮去上班，最後還是因臉色太菜而被請回家休養。

整天都病懨懨的，只能不停徘徊在床鋪和馬桶之間。怎麼料想得到，尚未主動向外出擊，病毒細菌已搶先至體內奇襲。這打擊來得太措手不及，即使白血球奮力迎戰防衛，卻無法讓它們的主人恢復信心，曾自豪的環境適應力似乎已成過眼雲煙，一時之間無法坦然接受自己的病貓姿態。

病人不好獨自待著，會多妄想。夕陽西沉，客廳傳來眾人熱絡的談話聲，想來已是晚餐時間，房客們正等著房東放飯吧。雖這身病弱模樣不是完美出場，但此刻的我亟需人的溫暖與陪伴。打開房門，幾個年輕女孩便熱情的和我打招呼，眼裡透出同情與不捨，猜想我病倒的消息應已傳開。大家簡單的自我介紹後，紛紛關心起我的身體狀況，可能是為了讓我好過一點，莎希還說：「唉，這季節生病很正常啦！水不乾淨啊！你沒來之前我們幾乎都已病過一輪了。我姊最慘，上個月還嚴重到必須住院，最後甚至請了幾天假回老家調養。」莎希和她姊兩人同住一房，姊姊今天上晚班還沒到家。

聊到一半，房東阿姨端上恰巴提、豆泥和蔬菜咖哩，麥娜趕緊跑到阿姨身邊，要她幫我用熱水煮點燕麥粥。「這些食物都太刺激了，你吃這個吧！我上次生病就是靠吃這個撐過來的，一下就熟了，你要吃點東西才有體力康復。」麥娜說。

這群女孩的貼心很快拉近我們之間的距離，於是我也放膽拋出自己的疑問。

「是我太久沒來印度嗎？覺得阿姨的食物都好辣……。」我用阿姨聽不到的音量小聲說。

「才不是，對我來說也太辣了！」莎希立刻接話。「他們錫克人特別愛吃辣，辛香料放超多的，我住了幾個月還是吃不慣，每次都要提醒阿姨少放一點。」

原先還擔心生病是自己固著於舒適圈的僵化表現，一旦發現她們也同樣覺得困擾，自卑感隨之消融，歸屬感就此萌生，我不再覺得格格不入，甚至聊上更多，問起她們為什麼來德里，還有對德里的看法。

原來她們來自各邦，都有大學學歷，又能說流利英語，因此畢業後懷抱著德里夢，離鄉背井來首都打拼，只為尋覓更好的工作機會，追求更好的生活。但尚未站穩腳步就先感受到德里的物價高昂與競爭激烈，更別提這城市的污穢與市儈。聊到住宿環境，女孩們更異口同聲地發難，她們沒人真心喜歡這裡，卻又都同意這裡已是各種權衡下的最佳選擇。

瑞娃說：「你知道我們家出門左轉到底就是一大區的貧民窟嗎？這邊擁擠髒亂又龍蛇混雜，算不上好環境，但反正我們大部分時間都在工作，上下班有公司包車直接在巷口接送，不用擔心危險，所以乾脆在這裡將就比較省錢。」這群女孩多在接國際外包的客服公司上班，為了配合國外客戶，工時常日夜顛倒，考量女性夜裡通勤的安全，公司備有專車接送。

儘管他們待的時間都不長，卻已不約而同的表示厭惡德里，問她們之後怎麼打算，每個人心中似乎也都醞釀了些想法。

「至少要試個兩年吧！真的不行再回鄉也不遲。」麥娜說。

「上次回家父母幫我安排了相親，我應該年底會搬回家鄉準備結婚。」瑞娃說。

「我要先存一筆錢，之後再去補習準備考公職，當公務員生活品質才會比較好。」莎希說。

想讓氣氛輕鬆些，便轉換話題問她們德里哪裡好玩，怎知換來眾人的沉默。她們大老遠從鄉下來德里打拼，卻忙得沒時間去玩。公司規定週休一日，但難得的假日要用來補眠和打掃洗衣做家事，微薄的薪水也禁不起揮霍，因此幾乎沒有額外的動力出門。光是維持每日正常運作就已幾近耗盡精力，更別提還有生病時惱人的無力感。當日常生活已處處皆挑戰，要聚積發動改變的能力不是件易事。

經過一番折騰，等重回工作崗位又是幾天後。羅哈克想必也從房東阿姨那兒聽到消息，才會忍不住來調侃我：「住得還習慣嗎？聽說你拉得很慘喔？」看我難為情，他不再開玩笑，轉而聊起我們這區沒有自來水系統，各家戶用的都是地下水。每天清晨得先至抽水站打水，再各自運回家用馬達抽上屋頂存放。「你早上都沒聽到抽水馬達聲嗎？我都一大早就被吵得無法賴床呢！」想他大概覺得有幫阿姨解釋，讓我明白此區生活不易的必要。

直到某個假日和房東家的孩子們一起上頂樓看人放風箏，才猛然瞥見我們每日的用水是裝在兩個黑色無蓋的大塑膠圓桶裡，桶子內緣已長滿綠色藻類，也難怪會惹人生病。（但飲用水有另外加裝濾水器。）那些日子裡，自己本還極力「正常化」蟑螂在家中恣意出現的畫面，試圖對抗自己對標籤的膠著，但當某晚打開冰箱，發現阿姨為了省電拔掉插頭，而小蟑螂已成功入侵冰箱在裡頭鑽竄逡巡時，安全感瞬間崩盤，積壓幾週的不適感瞬間爆發。儘管當時身子已康復，腦子也努力練習適應，恐懼依舊戰勝理性，開始恣意在心頭亂竄。雖然希望這裡是「能安放心神的住所」，但到頭來它更像是不斷挑戰底線的恐怖箱。

令人懊惱的或許是這根本也不是誰的錯。看得出來房東阿姨已盡力維持室內整潔，只是仍抵擋不了大環境的影響。蟑螂老鼠們可不管我們人為劃定的界線為何，門外每天都有食物殘渣吸引牠們留下，又怎防得了牠們為了追尋更好生活而闖進人類生活的場域中冒險呢？

驚魂未定之餘，不禁懷疑起自己是否真能理解這座城市與生活其中的人們。以為住在貧民窟附近會更了解底層群眾，卻漸漸體認到物理性的接近並不會自動帶來意識上的同理。以為自己不帶期待，其實只是未曾看見內心真正的框架。

這更讓我開始思考自己對環境整潔秩序的要求，背後更深層的原因為何？是想藉屋內整潔有序來貫徹自己的秩序觀？期望事物秩序在自己的掌控中？又是從何時開始變得如此自大高傲，認為世界該以自己想要的方式運轉？不得不探問的，還有自己究竟是如何劃分那條區分潔淨骯髒的二元界線？想弄清自己是因適應不了這環境而自卑？還是對外在環境的不堪而憤怒？甚或只是憤怒自己的無力改變？內心叨叨絮絮、無法平靜自在的回答這些自我提問，感到迷失之際，心經的「是諸法空相，不生不滅，不垢不淨，不增不減……」猛然在心中響起。

做不到捨去二元的分別心，無法了悟萬物是空無自性的因緣際會，看不穿那生滅、垢淨、增減都只是表象的變化，所以還離不了苦。或許我缺乏靈性的慧根，還無法超脫色相，但能肯定的是，執著於定睛而努力往尖頭鑽，嘗試挑戰自我底線，為了解決方法而想破頭，所秉持的初衷也都是因為相信人生而平等。

荒謬之後

高架道路下的空地是許多無家者盤據與生活的地點。每天上班都會在固定的十字路口停下來等紅綠燈，在那長達數分鐘的等待中，目光總忍不住瞟向和自己咫尺天涯，生活在鐵欄杆裡頭的無家者。

那包圍著空地的鐵欄杆原有恫嚇之意，要將人排拒在外，大概是怕有礙市容觀瞻。無處可去的人哪管得了這麼多，自動進去成為被監禁與觀看的對象。這人工建構說也奇妙，一開始是分隔的意象，直至進駐的無家者發現這裡是絕佳的避雨處，車流包圍兩側又能阻絕閒雜人等的靠近，分隔頓時成了某種保護，反倒讓裡頭的無家者感到異樣的安全。他們甚至將鐵欄杆的尖頂轉化為日常妙用，在上面掛晾衣服物品，只可惜四散披掛的衣服和純淨潔白沾不上邊，歷經風吹雨淋日曬的洗禮，灰塵污垢早已滲入衣料，散發出一種早衰的腐敗氣息。

而當這群人漸漸和空污、噪音、隨地垃圾一起沒入城市背景之際，他們的人性也逐漸被人遺忘。只要附近一有不法情事，警察便抄起傢伙進鐵欄杆裡抓人，也不管他們是一群走投無路，主動躲進欄杆內以放棄隱私做為庇護，最需要被幫助的人。

首月，奔波在許多可能有單身無家女性聚集的地域之間，有時覺得自己像個新手獵人，特別需要倚靠運氣，若不巧遇到大雨，目標四散隱匿至各處躲雨，便注定要無功而返。若在某區不見無家者女性，便得抓緊時間趕往下個目的地前進。

而那天，車子塞在下班車潮中正龜速往薩萊卡勒可汗區（註1）移動時，我不捨的用紅筆將「歐克拉高架橋區」（註2）劃掉，確認不會再來此區訪問。

那邊是一片隨著鐵路蜿蜒蔓生的貧民窟，以竹竿和防水布撐起的臨時建築裡住著眾多家庭聚落。貝格哈基金會多年前曾在此區外展，但當時的線人也已搬離。阿拉夫說這裡甚多幫派滋事，其中的宗族權力關係複雜，更特別叮囑我不能拿出相機，表示若在這裡惹到人他沒自信能擺平。「以前很多組織來這裡承諾協助，但後來都沒能履行。這區的人多疑仇外，遇事也習慣用私刑解決，是個滲透工作難度很高的地方。」當下不見自己想關注的單身無家女性，又考量到風險偏高，只好斷然決定放棄。

但即使做了此決定，腦海中仍不斷想起剛才所見的一家四口。他們一家人坐在鐵路沿線旁的小徑上，頭髮略顯斑白的爸爸，虛弱地勉強用手肘撐起上半身和我們對談時，媽媽抱著小嬰兒坐在他身邊，袒露著半胸在餵奶，年幼的小女孩則挨在媽媽身後，眼神怯怯地偷看著我們。一家子的安身之處僅是張隔開身體與土地的毯子，毯上幾個袋子便是他們全部的家當。

男人說他們全家從瓦拉納西到此已有一星期了，初抵德里人生地不熟，他仍在尋找打工機會，目前在這兒棲身只是權宜之計，之後看工作狀況如何再說。「這裡每天都有層出不窮的爭吵鬥毆，我擔心家人會受到波及。」每回他得離開去找事做時，都對家人的安全掛心不已。

那條小徑上有好多像這樣的家庭，想到橫亙在他們面前的種種挑戰，不免懊惱惆悵。那環境輕易彰顯我們能力的極限，只能為他們祈禱一切順利。

思緒仍纏繞無解時，忽見路邊有兩名穿卡其色制服的警察，正站在鐵欄杆外，用竹棍猛力敲擊欄杆，使其發出砰砰砰的刺耳聲響。欄杆裡頭有兩個女人和四個孩子，他們露出驚慌神色，退離柵欄幾步，不知該出來還是逃到離警察更遠的地方。

聽不見警察在罵什麼，但那凶神惡煞的模樣隱含了暴力因子。聽過太多底層弱勢對警察的抱怨，若施暴者是代表公權力的警察，那麼他們將幾無可追求正義之途。阿拉夫見狀，也不顧那邊的交通紊亂，便要嘟嘟車趕緊停在路邊，快步往警察的方向跑去。

「先生，請你們不要使用暴力。」阿拉夫禮貌的說。

「他們不能待在鐵欄杆裡頭。」兩名梳著油頭的警察，身旁停著兩台重機，滿臉跋扈神色，其中一人還把玩著手裡的竹棍。

原來我們趕上的已是整齣戲的尾聲，稍早警察已用這種威嚇方式將裡面多數的街友都趕了出來，他們此時正四散在入口處。而餘下的幾個女人小孩，則因當時離入口較遠，又不願輕易拋下自己的家當離開，於是仍在裡頭流連。倘若我們沒下車，接下來會發生什麼？用反鎖懲罰他們？或直接走進裡頭給他們點顏色瞧瞧？見我們走近，警察決定率先建立他們的權威，疾言厲色的說起這附近治安不好，都是因為這群小偷和罪犯。

「他們不是罪犯，只是沒地方住而已。要說他們是罪犯，請拿出證據來。」阿拉夫回應道。

「你是誰？」看來較年長的警察挑眉問。

阿拉夫說明自己的年紀與頭銜後，兩名員警雖仍拉不下趾高氣揚的跩樣，回應卻顯得稍有遲疑，他們問阿拉夫想要什麼，阿拉夫卻不正面回答，只說可以幫忙說服裡頭的人出來，但希望他們能給點時間和空間。較年輕的員警繼續不耐煩地用右手拿著的警棍敲打左手，跟同事說不用怕阿拉夫，又補上街友都是騙子無賴等歧視性的話語。看著這位自以為是的員警，不明白究竟是權力或階級使他腐敗，還是什麼原因使然？同理心，難道不是在這個職位上被要求的能力？多希望他不是被系統性制度培養出的惡人，而單單只是個例外。

相較之下，年長的員警則顯得世故許多，當他觀察到阿拉夫依舊呶呶不休地講理，絲毫沒有要停下的打算，甚至提到可以將他們告上法院時，他終於在沉吟一陣後鬆口：「給你們二十分鐘，我們回來後不要再看見這些人在附近流連。如果誰還在，就別怪我們不客氣。」語氣裡沒有對長輩的敬意，仍一副不可理喻的傲慢姿態，撂下狠話後兩人便大搖大擺地跨上摩托車離開。

警察前腳剛走，阿拉夫立刻給了個孩子一些零錢，要他進去將裡面的人勸出來。一個瘦弱到幾乎只剩皮包骨的老人，從剛剛就賴坐在出入口，站不起身，也沒有想站起的欲望，任誰都看得出來，他已快走到生命的盡頭。

一旦上街，根本沒有喘息空間，只要打開眼簾，彷彿所有不幸都匯集到眼前，那些時時在發生的絕望，令人不忍直視。老人的兒子媳婦孫子都在旁邊勸他，兒子告訴我們老人在鬧脾氣，不想再被欺負，也不想再當他們的拖油瓶了。他要子孫別再管他，要他們自己離開，說他已經受夠警察收不到賄賂時就要找碴。他們住在鐵欄杆裡妨礙了誰？搬到馬路對面又有什麼差別呢？

我們幫忙聯絡了救護車，阿拉夫還提醒他們附近有間庇護所，真沒地方去的話可以去避一避，但他們立刻反駁。「那裡不會比較安全，我寧願待在外頭，至少可以全家人在一起。」老人的兒子說。他個頭矮小，看起來也瘦弱不堪，身上的藍色襯衫滿是髒污，唯有眼神透露出一家之主的堅定。

「他們之後會怎麼樣呢？」離開後我問阿拉夫。

「這種騷擾三天兩頭就會發生一次。每當附近有犯罪事件發生，警察就要來這邊鬧一下。等明後天風波過後，他們又會再搬進去。很辛苦，非常沒必要，但目前情況就是這樣。」

無數場沒意義但極具戲劇化的情景，日日夜夜在大街上循環演出。人們經過、看見、復又經過、看見。而今天，剛好途經此地的我們，從觀者的身分跨出，跳上那舞台，稍稍改變其中一場的其中一丁點動力，他們充滿感激，卻也深知這不過是個意外插曲，等到明日他們仍得重複演出相同的劇本，終不能得解脫。

離開的路上，我更加悵然若失，明明是帶著改變社會意圖而展開的行動，但當親身碰上現實每日如影隨形的磨難，首先經歷的是不可置信的荒謬感。想起《等待果陀》裡兩位流浪漢近乎無厘頭的對話片段：

迪迪：每個人都有小小的十字架要背。直到他死了。而且被遺忘了。
果果：既然我們無法保持沉默，我們就試著心平氣和說話。
迪迪：你說得對，我們總是精力充沛。
果果：所以我們不思考。
迪迪：我們有那個藉口。
果果：所以我們充耳不聞。
迪迪：我們有我們的理由。
果果：這些死亡的聲音。
迪迪：他們發出的噪音彷彿翅膀。
果果：彷彿葉子。
迪迪：彷彿沙子。
果果：彷彿葉子。
（沉默。）

該如何對抗這樣巨大的荒謬？街頭的人們或許永遠等不到殷殷企盼的改變，但即使如此，他們仍選擇接受命運，從荒誕的重複折磨中背起自己認定的責任，照顧家中老小，努力捱過每天。這不正表示他們仍努力在荒謬中創造幸福？既然如此，我又怎能如此輕易氣餒？

註１：Sarai Kale Khan。

註２：Okhla Flyover。

隱形的結界

城市的真實面貌是什麼？是嶄新乾淨便利繁榮？還是擁擠污染吵鬧勢利？又或者兩者皆然？分別兩者的決定性因素是什麼？那分野或許類似魔法世界的「結界」，不是肉眼可見的實體界線，而是以話語告誡、街聞巷議組合而成。結界設下各種保護條件，裡頭是每個人期待的安全堡壘，而結界外，縱然是同樣不可否認的真實，卻隱含著禁忌、危險與異質的暗示。

縱然結界的設定與成立難以考證，但它衍生至今，內外皆已長出一定的平衡模式，若欲探問另一個世界中的更多資訊，首要條件是不能打亂那平衡，否則將被為維持恆定的反噬勢力給消滅。因此不論是電影《全面啟動》中入侵別人夢境或《哈利波特》裡從魔法世界進入麻瓜世界的人，跨界者都需要一點限制和偽裝，想盡辦法掩飾自己的不同。

走上街頭則是自願跨出結界的嘗試。「跨界」或許帶點浪漫主義式挑戰禁忌的冒險意味，唯須承擔的是隨之而來排山倒海的衝擊，以及震撼過後的心有餘悸。進入非日常場域，在禁忌之地所見的人物往往兀自與眼前的情境對抗，未有吸附滯留他人潛意識的餘力，但那些畫面卻彷彿有自我意志，不僅在當下帶來衝擊，甚至在離開許久之後，仍懷著某種不可解的後座力，繼續在心底盤據不去。

之一　舊德里火車站

參加服務街童組織（註1）舉辦的城市步行導覽，以理解舊德里火車站周邊的底層生態。經過附近的垃圾回收場，團體一行數人在某個安靜的巷弄停下，曾為街童、受組織幫助後現在正讀大學的比諾開始談起過去作為街童的生活點滴，提及自己曾靠撿垃圾賺取微薄利潤維生。

眾人目光皆聚焦在比諾身上，我的注意力卻被兩個蹲在圍牆邊的男子給攫住。時間是早上十一點，那兩人卻已盡露疲態，蓬頭垢面又衣衫不整。其中一人用小刀劃開電線的塑膠皮，使其露出裡頭咖啡色的金屬線，接著用雙手來回摩擦搓揉，又時不時停下用刀片刮除什麼，另一人則拿著舊報紙在下面接著。他們與我們僅相隔十多公尺，但隊伍中沒人在意他們，他們亦旁若無人，只是全神貫注的迫切重複那些動作，似在為什麼儀式做準備。

一同前去的友人在我耳邊悄聲說：「我在紀錄片看過類似情況，他們可能在準備吸毒。」

「用電線？我只知道有人會偷電線賣錢……。」

「裡頭藏了會讓人興奮的化學物質吧……。」

那兩人忙了一陣，似乎感覺粉末份量已足，便把粉末倒進小杯與某種液體混合，抽進針筒，接著慎重地將針頭戳進手臂內側，緩緩推針，臉上表情則從原本的焦躁轉為愉悅的綻放，他們仍舊蹲在一片乾枯的草地上，周遭還是散落著各種紙屑垃圾，但我彷彿能看見他們周身散發出粉紅色光暈，被灑滿小花的幸福氣氛所圍繞。傻乎乎笑著的表情說明他們已置換至一夢幻世界，不再充滿焦慮不安，只有純粹的喜樂。

怎知朋友又說：「看不出那是什麼，只希望不是品質很差的下級品就好。廉價毒品的壞處是，快感能持續的時間很短，副作用又特別強大，他們很快又會覺得痛苦。」

比諾不知何時已講完故事，邁開步伐往下個景點移動。我很想繼續待著，觀察接下來的發展，但朋友提醒失去人潮的掩護，我們的停留會顯得突兀，或許也不太安全，只好打消那念頭，快步跟上隊伍。只是那畫面往後仍不斷叩擊內心：光天化日之下，極為尋常的法外之地，被放逐而無望的人民只能以這種方式獲取短暫的解脫，毒品裡仍有殘酷的階級，而經過無作為的人們不一定是無感。

我們其實都在逃避問題，只是形式不同而已。

之二 雅穆納市集（註2）

各地地域特色不同，街友組成份子也因此各異。阿拉夫印象中曾在雅穆納市集附近見過女性街友聚集，但這裡亦有幫派控制，貿然涉足只是不智。幾經考量後決定至少走訪一次，但為了安全起見，我們改在下午抵達，藉明朗陽光作為掩護。

欲拜訪在此區外展的朋友前，我們提前下車，徒步經過一家收容單身男性的庇護所。外頭正好有慈善團體在發放食物，人們為了等盤中熱食而排成長龍，因尊重效率而整齊排隊的人們之間沒有任何交流，收受與發放食物的人們之間也無耳語或笑容交換。呼嘯而過的車聲反烘托出濃重的寂靜，人們的眼神既不友善也無敵意，只是盯著自己前方的虛空，任腳步受生理需求驅使，空洞是空氣中透露出的唯一訊息。當虛無占據人的身體，施與受只是沒有靈魂的展演。

阿拉夫下車前提醒我要保持警覺，說敢在此區住下的無家者和他處不同，多是有案在身或重度上癮，可能還有令人難以預測的狠角色，於是我也不敢貿然迎上他人眼神，只敢小心翼翼的用眼角餘光觀察。緩步經過隊伍旁，瞥見有個男子，突出的眼球裡充滿血絲，不停搖頭晃腦、喃喃自語，旁人似已習慣他的舉止，在他身旁也不為所動。那裡未因白日而浮現生機，亦無想像中爭強鬥狠的殺氣，只覺眾人被沉重的倦意所籠罩，或許只有一盤熱騰騰的豆泥咖哩飯能驅走那虛無，為臟腑留下短暫的溫暖飽足。

怕在那裡隨意跟人搭話會引來意外的麻煩，我們未多做停留，準備穿越馬路往朋友的雜貨攤前進。但過馬路前，阿拉夫要我往兩點鐘方向的分隔島望去，只見建於其上的高架道路擋住陽光，使那裡成為一個陰暗角落。他說那裡被稱為「死亡之丘」。「這裡龍蛇雜處，幫派勢力凌駕於警察管轄能力之上，『死亡之丘』是被默許之地，在那裡吸毒不會被抓，甚至還有慈善機構來發乾淨針頭。他們的理念是若幫不了人們戒毒，至少要讓他們不會因共用針頭而染病。」

疾駛而過的車輛帶來不絕於耳的轟隆聲與強勁的風勢，順著阿拉夫手指的方向，果真瞧見一男子蹲在小丘上的背影，他左手襯衫的袖子捲起，不知是否在做注射毒品前的準備。那距離使眼睛無法捕捉細節，只知道是另一個嘗試遁離現世的靈魂，腦袋頓時糊成一片，卻仍未停下駐足，穿越馬路，將那背影留在高架道路投下的巨大陰影中。

他們怎麼落入這番境地的？地下經濟的繁盛獲利最後究竟流入誰家手中？幫派？警察？政客？難道是人們避而遠之的無家成癮者？為何覺得他們只是被困在底層被用來代罪的渣滓？嘴上說要尊重人命與尊嚴，實際上又該怎麼做？德蕾莎修女的垂死之家選擇為那些無依無靠的人送終，發放乾淨針頭的組織，則選擇為他們每天的逃避減少後遺症。

那我呢？

之三 G．B．路（註3）

縱使印度法律明訂性交易違法，掃黃行動從未有根除此業的決心，G．B．路作為德里家喻戶曉的紅燈區，依舊以一種隱晦的方式生氣蓬勃。我們雇用的私家車在接近半夜時開進此街，從街頭慢慢開到巷尾，在離開此區前又掉頭轉回，如此小心謹慎地來回穿梭幾次後，阿拉夫要司機在街邊的茶攤旁停下。

不知哪裡的水管破了，水不停汩汩滲出，地上的積水漫開，帶動地上穢物順著水流移動，給人不潔與不祥之感。

G．B．路上並非兩側皆有樓房，一側是圍牆，有人行道與在其上的零星小販，另一側則是連綿不絕、比鄰相連約莫如舊公寓般四、五層樓高的房舍。一樓是普通的商家店面，此刻皆已拉下鐵門，二樓以上卻是燈火通明，甚至可見有些女孩攀著鐵窗向外吆喝。細看商家招牌會發現上頭都標了小號碼，內行人都知道那是妓院編號，上網還能搜尋到評價。

這裡不是無家者女性聚居的地點，卻與她們有種隱晦的因果關係。一九〇六年希格斯在研究英國街友女性的著作（註4）中主張，當妓女是許多女人讓自己免於淪為街友的方式，聲稱這也是為何街上的無家者女性總是少於男性的原因。我們來到這裡是因普許卡拉曾參與一次和警察聯合的搶救行動，以救出被拐賣到G．B．路妓院的未成年少女。他說成功逃出這裡的女性，若無良好的支持系統，最後也可能流落街頭，甚至成為街頭性工作者。我的訪問對象中，就有人透露自己曾被親友出賣至妓院工作。

這裡無疑是個男性宰制的空間，沒半個像我這種「單純路過」的女性，一下車便能察覺周遭氛圍因我的出現而產生奇妙波動。僅只是在圍牆這側，裝做若無其事的喝茶，我的性別也立即引來猜疑，小販雖忙著煮茶，眼睛卻不避諱地對我上下打量，用充滿打探的口氣問：「她來這裡幹嘛？」阿拉夫趕忙陪笑臉說我是觀光客，只是路過喝個茶看看就走。

不同於其他地方，在這馬路上送往迎來的車輛多是人力拉車，因為網上的常客建議菜鳥嫖客不要開自己的車，最好是先到附近再轉搭人力車來，還建議大家不要攜帶身分證件與貴重物品，只帶剛好的錢就好。其背後的道理，無非是把此處看成有蠱惑男人心風險的危險地帶，一旦光顧曝光後還會有損身分地位。

街上的人力車來來往往，多數是一個男生，也有兩人結伴同行的。更令我意外的是，乘客多是青壯年男子。一個穿黑色T恤、肌肉發達體格壯碩的男子，雙手環抱膝上的黑色公事包，似乎即將抵達。他的車與另一輛交錯而過，上面坐著一個身穿整套灰色西裝、梳妝整齊的男人，看似正要離開。人潮沒有減少的趨勢，反而隨著深夜逐漸熱鬧起來，我不禁猜想，這裡整晚究竟有多少人潮？這個違法的產業為何能如此肆無忌憚的存在？裡頭真是平等的交易關係嗎？

然而，一旦跨過路中間的分隔島，對街儼然是另一個世界。隱約能瞧見好多女人在光線不明的騎樓下，對男人們招手、搔首弄姿與談笑，有些仍著傳統服飾，但更多人穿的是緊身上衣、貼身熱褲和高跟鞋以展現全身曼妙的曲線與魅力。在她們幾步外的距離，則有幾個彪形大漢，他們是妓院的眼線與保鑣，對閒雜人等特別敏感，時時做好去除不必要麻煩的準備。

待不到十分鐘，便有個自稱是在這裡臥底的便衣警察，主動靠近我們搭訕，直說這裡危險，要我們趕快離開，阿拉夫只好跟他插科打諢。但不久後有個手持木棒一臉橫肉的壯漢直接從對街走來，在我們的車子前喊道：「這輛車是誰的？不知道這裡不能隨便停車嗎？如果五分鐘內不撤走的話，我們就會把它處理掉。」司機嚇得臉都綠了，哪敢有任何忤逆，立刻趕去哈腰賠不是後，隨即上車發動引擎。

「我們已被懷疑了，今天就先這樣吧！」阿拉夫一聲令下，我們也立刻乖乖聽話，夾起尾巴摸摸鼻子離開。車子駛離，我仍未能從那凝重的氣氛跳出，像是打開潘朵拉的盒子，不懂自己釋放了什麼，卻明白地感到不適。

有太多問題在心中湧現：在結界另一端的她們，真是自願的嗎？有受到公平的對待嗎？若是，為何樓上的窗戶都裝了鐵窗？又為何那些壯碩的保鑣，不比小姐還少？她們的家，又在哪裡？

被命運巨輪壓過的人們，處在外人認為危險的地方，然而，真是他們給人帶來威脅？或者他們不過也只是被脅持的人質？曖昧不明的邊界，其用意真是為了保護？保護的，又到底是誰？

十三世紀歐洲的神學家阿奎那（註5）將妓院比喻為皇宮中的下水道，認為少了它，冠冕堂皇的宮殿就會充滿污穢，因此早期教會認為妓女的存在是為保持社會純潔的代價。這背後的價值觀似乎是「女人能洗淨男人的污穢」，可弔詭的是，洗淨男人髒污的女人卻反被視為不潔。

想起上車前眼神飄至樓上，雖看不見屋內擺設，卻依然能從搖曳流洩出來的燈光，看出女人們奮力扮演被賦予角色的身影——努力招攬客人，只是為了賺錢活下去。

註1：Salaam Baalak Trust。非營利組織，作者暫譯「迎接孩子信託」。
註2：Yamuna Bazar。
註3：G.B. Road。
註4：Mary Higgs，1854—1937。瑪麗・希格斯在1906年的作品《瞥見深淵》《Glimpses into the Abyss》中描寫她對庇護所的考察。
註5：Thomas Aquinas，1225—1274。湯瑪斯・阿奎那。

突襲搶救行動

下班前夕，羅哈克提醒大家：「明天要參加突襲搶救行動的夥伴，務必早上八點前在辦公室集合。」作為搶救行動組的小組長，羅哈克平時和德里各區的草根工作者合作，一起蒐集情報、喬裝變身以勘查可能違法使用童工之處，等確認不法情事後，再向警局和政府相關單位申請支援，以便進行突襲搶救行動。

明天要去南德里，羅哈克正跟我描述那區概況。「這次突襲的地點不是工廠而是條商街，裡頭許多餐廳和店家都使用童工。上次我和阿許特哥偽裝成顧客去那邊吃飯，已經盤點出幾個在門口做點心和打雜的小弟，但有些餐廳的廚房在內場，所以無法掌握確切人數，目前估計大約會救出十五至二十人不等。」

「有什麼我們可以幫忙的嗎？」除了我，還有一位新進員工和兩位實習生也是首次參與行動。

「搶救的過程通常很混亂，若雇主惱羞成怒也可能爆發肢體衝突，當下沒人能保護你們，所以最重要的還是要懂得保護自己。我已經把攝影機給蘇藍了，他會錄下我們辨認童工的那刻並幫孩子們拍照存檔，這對後續幫他們申請賠償時很有幫助。」羅哈克所言使我想起「拯救童年運動」創辦人凱拉許於九〇年代搶救馬戲團童工時的喋血事件，沒想到在科技發達的二〇一五年，救援方式竟沒什麼創新與改變。

為了確保政府依法補償童工，突襲搶救行動得配合警察與地方勞工局官員的行程，原本講好今早出發，但當大夥兒都整裝完畢，官員只來通電話便說臨時有事要取消，也不顧電話這頭大家原本高昂的士氣，瞬間就灰飛煙滅。我雖心有不甘，但看大家似乎早已見怪不怪，也只好按捺住不滿。

隔天一早，大夥兒亦在時間內迅速集結完畢。這次不再有突發狀況，大家精神抖擻的上車，我甚至覺得腎上腺素隱隱流竄，充滿蓄勢待發的幹勁。車子在控制車輛進出的電動柵欄門口前停下，向警衛表達來意後才被放行，一駛進公家機關的辦公區域，羅哈克急忙至官員辦公室彙報計畫。

然而，祕書卻只回說官員仍在處理其他要事，便要我們稍等，大夥兒只好在建築物外的空地上等待，十分鐘、二十分鐘、三十分鐘、一小時……轉眼兩小時就要過去，仍未有任何動靜與消息傳出。天氣潮濕悶熱，皮膚沒兩下就滲出豆大汗珠，草地上的小黑蚊也毫不留情地攻擊大家外露的四肢，癢意餵養煩躁，腎上腺素帶來的緊張興奮早已消退，代之而起的是對官僚系統效率低落之不悅，忍不住想開口砲轟時，羅哈克說：「我們留一個人在這兒等消息，其他人去門外攤販那兒吃個點心或喝杯茶吧？」

一走到門外，才發現消磨在「等待狀態」中的，原來不只是我們。

人行道上，突兀地放了幾張大學教室常見桌椅一體成型的塑膠折疊椅。一個男人正襟危坐其上，他面對著車水馬龍的馬路，眼睛卻只盯著眼前的筆電專注地編輯文件。戴著金邊眼鏡，留了撮小鬍子，頭髮梳得油亮整齊，穿著筆挺襯衫與長褲的他，身旁站了位穿紗麗的中年婦女，每當他一有疑問，她就趕忙回答。尚有幾個人在附近徘徊，臉上表情茫然而憂愁，不知是不是也在等待著什麼。其他椅子上還放了台列表機和Ａ４影印紙，伴著散亂的電線與傳輸線，我一時搜尋不到電源插座，好奇他們從哪裡接電。

新進實習生納林剛好是法律系大四，見我一臉困惑，便向我解釋不識字的窮苦人家，若要向政府申請什麼，往往必須先雇用這些人幫忙準備相關文件，還說很多法律系同學或畢業生會用這種方式賺外快。

想起吳念真導演說過以前沒有電腦手機，村裡讀書人幫村民讀信寫信的故事，竟也在這期望躋身國際舞台的城市上演，這才意識到只有科技也是不行的。沒有普及教育和基礎設施的配搭，原本意欲惠民的科技一轉身便能輕易造成更多排擠。資本主義的供需法則，雖為某些人開展了獨特的商業機會，但也產出令人啼笑皆非的不公：竟是底層的人群得花更多錢來負擔額外的服務。

幾輛吉普車抵達，羅哈克要我們立刻趕回政府單位待命。果不其然，下車的是一群警察，祕書則轉告官員的會議結束，要求馬上出發。一陣匆忙，我們被趕上警察的吉普車，和他們擠在一起。我趁機細細觀察那些頭戴警帽、身穿卡其色制服、手拿長竹棍的警員們，卻見他們毫無威風神氣之色，個個面無表情，只一副累壞了的樣子，內心不禁升起幾分擔憂。

車子在突襲區域的兩個街區外停下，我們得在這裡下車才不會打草驚蛇。羅哈克集合大家，再次提醒即將要進去的小路兩側都有店家，為了避免我們在巷口行動時，巷尾的店家聽到風聲或感到不對勁就會把童工送走或窩藏起來，能快速指認童工的他和阿許特哥會以最快的速度行動，分頭把童工們帶到門口或街上，再由機構的其他夥伴上前接應了解孩子情況。若確定是童工，便先拍照存證，等代表公權力的警察和官員跟上後，才能依法帶他們離開。

一喊「行動！」羅哈克便跑起來，受那激情感召，我也快步追了上去，只差沒衝進店裡，而是乖乖守在餐廳外頭等孩子們被帶出來。然而，等待時環視四周，下巴都要掉下來了。除了少數幾個警察盡責的跟在我們身邊，後面的大批人馬全都拿竹棍當枴杖用，像散步一樣慢慢走在後頭，讓整個搶救隊伍拖得老長。明明警察的角色是要在衝突發生時護衛各人員的安全，但他們事不關己的態度讓人心寒。

有個在小吃店門口揉麵團的孩子被帶到街上，他無辜的大眼寫滿了不明所以的害怕，還好莎瓦蒂溫柔的問他名字、年紀，接著耐心地向他說明他這年紀是不需要工作的。「我們不要工作，去上學讀書好嗎？」孩子沒有露出笑容，但肢體表情似乎放鬆了些，雖仍未開口說話，但乖順地任莎瓦蒂牽起他的小手。

快到一間腳踏車店前面時，裡頭突然衝出兩名青少年，羅哈克趕忙追上去，形成一場追逐戰。男孩們奮力想爬上垃圾收集箱，藉那鐵箱的高度跳到圍牆外的土丘時，行動慢一步的那個被羅哈克抱住，快的那個眼看救不回同伴，只好自己逃走。羅哈克看土丘上盡是蔓生及腰的雜草，要熟悉附近地形才能追得上，只好返回，無奈地說：「他們以為我們是來抓他們的。」這也難怪，這群受剝削的孩子平時只能聽到雇主的一面之詞，多不識自己的權益，往往以為我們是來抓他們的，更害怕被抓後將面臨可怕的後果。

整條街騷動起來，街道深處則越縮越窄，在轉進更小的巷子前，我們還得慢下腳步，等警察的大隊人馬趕上。他們跟在兩位穿著體面襯衫的男人後面：一位是有權限查封店家的官員，另一位則是其祕書。剛才被確認有非法雇用童工情事的店家，現在鐵門立刻被拉下，官員祕書在鐵門上用白色封條貼出一個大叉叉，勒令其暫時歇業。店家若想重新開張，得等到調查結果出爐，並繳清積欠童工的薪資與相關罰鍰後，才有可能重振旗鼓。

雖然整個搶救過程都算平順，但官員的姍姍來遲，警員的只顧長官不顧正事，都讓人頗有作秀之感。內心感到不平，明明付出最多心力，在第一線直接面對危險、衝鋒陷陣的，全是我那群既沒權力又沒武裝的同事們。

彎進小巷後看見路邊有台紡織機，一個青少年在縫褲子。我們正要上前關心時，一位滿頭白髮的老人匆匆跑來。

「他是我姪子，不是童工，只是縫著玩而已。」老人喊著。

「孩子，他說的是真的嗎？」羅哈克問。

孩子怯懦的低下頭，都快碰到紡織機了，眼神迴避羅哈克，什麼都沒說。

見孩子不語，羅哈克只好繼續問老人：「你確定他不是在為你工作？」

「我幹麼騙你？他是我妹妹的兒子，他們家很窮沒辦法照顧他，才讓他來投靠我。我得工作，他有興趣就讓他試一試……。」

這小攤連個店面都沒有，雖然走近之前，明明看見有人拿著衣服褲子在孩子身邊排隊，但等我們趕到，那些客人早已一哄而散。羅哈克最後沒有堅持追問孩子更多情況，只是悻悻然地離開。

「那真是他的姪子嗎？我覺得看起來不像……。」我問。

「我也不信，但這有點難以判定，除非孩子口頭上答應，否則我們不可能帶他走。時間緊迫，我們無法等到證據出現……。」

一場看似成功的行動，裡頭仍隱藏了許多無可奈何。救出來，與其說是苦難的結束，不如說只是抗爭與奮鬥的開始，成敗與否還未可知。當天稍晚，我們把孩子都送到兒童福利委員會接受初步的體檢與面談，勞工局人員也要在這裡問清他們的年紀、背景、工作年限等事並建檔，以便之後幫他們追討補償。

雖然會議室裡的大人們都和顏悅色，被救出的孩子們只是靜靜無語地在陌生環境中等待發落，他們一臉凝重，深怕犯了什麼錯。直到同事買了點心飲料回來，告訴他們想吃什麼都不用客氣時，他們才終於放下警戒，露出開懷的笑容。

然而，當室內氣氛漸趨緩和，室外仍有一群人籠罩在愁雲慘霧中，他們通常是孩子或雇主的關係人，因擔憂會有不好後果，乾脆直接在外等待消息。我們被告知要看好門口，不能讓孩子出去和大人接觸，這不是狠心，而是為了讓孩子能在不受大人影響下說出自己真正的感受。此刻，我們必須暫時充當孩子的保護者。

傍晚六點，面談還進行不到一半，看似還要好幾個小時才會結束，而孩子們今晚將不會回雇主或自己家。在一切明朗化之前，他們會被送到在德里郊區的「自由之家」（註1），在那裡好好休息與學習，讓身心靈慢慢康復。

羅哈克要留下來陪這些孩子完成所有程序，並將他們送到自由之家後才能下班。

雖然預估要到凌晨後才會結束，但他仍散發著光芒，眼神則從早上行動時的銳利，轉為和孩子一同玩樂時的柔情，孩子們很自然的喜歡親近他。

我深受這多年來始終如一的搶救行動感動，欣賞他們的初衷，感恩他們努力的成果，但也知道他們救出的童工多數是男孩，今天也無一例外。於是臨走前忍不住向他拋出心中疑惑許久的問題：「羅哈克，你有救過女孩的經驗嗎？」他聞言，眼中的柔情似乎凍結了一秒，才緩緩開口說：「很少……。多數女孩是住在雇主家的家務童工，除非有人通報，否則不太可能知道她們在哪裡，更別說是進去臥底查看情況了。」

那好不容易建立起的成就感，突然間就像滴進一池清水中的一滴墨水，立刻被稀釋的無影無蹤。「拯救童年運動」雖也做了防治兒童性虐待的倡議活動以關注女童處境，但一旦觸及家庭的私領域，在搶救這塊還是只能被動的等候民眾通報，難度因而瞬間翻高好幾倍。

面對更難以被看見和討論的女童工，幾乎與無家者女性的被邊緣化如出一轍。不能確認兩者是否有明確的因果關係，只知道這樣的性別問題必須要被放大檢視。這不是要刻意放大女性所受的苦，而是不能再讓這樣的弱勢輕易的被遺忘，留她們獨自在黑暗中掙扎。

註1：Mukti Ashram。被救出的童工將暫時被收容在自由之家，直到父母或監護人來帶孩子回家。這期間相關的權益申請，機構會幫忙處理，並與家人溝通孩子未來的規劃。

恐懼與劃界

全球化時代，移動的成本越來越低，人們走得更遠，到各地遊玩消費享樂，透過環境轉換，享受短暫的階級躍升（或下降）已然稀鬆平常，但走得更遠不代表看得更廣，視界被階級與生活型態所限，看到的永遠只是偏頗片段，獲得什麼每個人只能自由心證。

人們若以為無家者自由，只是不見街頭的種種磨難。或許離開的初衷，少不了對逃離束縛壓迫的期待，但那同時也伴隨著殘酷的附加條件，必須忍受雨天冬日等天候變化所帶來的不適、可能被驅趕的不穩定、被威脅騷擾的不安等等。這自由的代價太高，大部分的人都承受不起。

街頭的女人們，許多亦從遙遠異地漂流到德里，然而比起不停探索各處的旅客，她們更想找到能安身的落腳處，管他是哪個街區或庇護所，最好吃喝拉撒睡都能在步行可及的距離內完成。那往往並非充滿主動意識的擇定，更多是憑藉著一些機運與巧合，安全是首要考量，摸清附近後才敢再慢慢向外伸出觸角。夜間的行動範圍則更加侷限，行走在陌生處，無非是讓自己暴露在更多危險中。

週六夜，到舊德里火車站附近和來印旅行的台灣朋友見面。那時雖已夜訪街頭數次，但都是為了工作，不管多晚結束都有夥伴護送回家。可能也因此，對危險的偵測雷達還稍嫌弱了點。聊得太開心，便不斷推延回家時間，內心當然仍有安全顧慮，自己律定十點前一定要告辭回家。但準時進了地鐵站才驚覺不妙，月台上滿滿人潮幾乎全都是男性，不見任何落單的女生，少數可見的幾個都有男性親友陪伴在側。

等車時，自稱是牧師的陌生男子前來搭訕，他似乎一眼就看出我的人生地不熟，不停追問我打哪兒來，來做什麼，嘴上說印度很亂要小心，拍胸脯保證自己只是好意想幫忙，但那過於熱情的態度隱約挾帶著侵略感，甚至試圖打聽我要在哪站下車。當時獨自一人行動的我不敢引起騷動，只能不斷避重就輕，幸好後來趁著轉乘人潮混入人群，才終於擺脫他的糾纏。

準備重新上車，卻又看到一般車廂外的冗長隊伍與女性專用車廂外的冷清成殘酷對比。站在準備下班的地鐵女警身後，意識到即使公權力試圖為女性劃出安全空間，文化觀感的束縛依舊是生活中更強而有力的主宰。地鐵進站，男人們爭先恐後地擠進車廂，擁擠程度到了有人甚至上半身都晃進女性車廂的地步，但女性車廂這側卻徒任空間閒置浪費。

坐我對面的女警看來疲憊不堪，正閉目養神，但或許制服給了她不可侵犯的權威，導致站在連接兩段車廂中的男子，眼睛只是直盯著我看。憶起《印度的女兒》紀錄片中強暴犯合理化自己暴行的那段話：「正經的女孩不會晚上九點後還在街上閒晃。在強暴這件事上，女孩比男孩更需要負起責任。」才想到自己已跨過所謂「好女孩」的活動時間範圍，不由得出了身冷汗。無法確知這種思考遍植人心的程度，只知道自己展露的形象可能正被武斷的套進那邏輯中，那車廂中冷颼的荒涼，像是要再次提醒，「好女孩」不會這麼晚還搭地鐵。

然而，若能自行開車或負擔計程車費，就可享有更多保護，減輕這好壞分野的衝擊。至於經濟能力一般，只能靠大眾運輸工具移動的女孩，能動用的自保策略則所剩無幾，或許還是謹守分際最為保險。這麼一想內心又有股氣衝上來，也顧不上那行為適切與否，就倔強地回瞪那男子，硬要逼他轉開視線。

普許卡拉曾說各地鐵站都設有監視器，能嚇阻不法人士，所以坐地鐵是安全的。此刻的我卻還是經歷這設備的無能，它或許能減少惡劣行為的發生，卻阻擋不了那行為背後的粗鄙惡意。車廂上慘白的日光燈映照出環境的冷漠，性別界線兩造巨大的落差，我第一次感覺自己的身體如此弱勢。

好不容易到站，但挑戰還沒結束，警報尚未解除。若說地鐵上有一定的安全保障，下地鐵後到進家門前又是另一場冒險。出站後離家雖只剩步行二十分鐘的距離，我已不願再落單。看見人力車、電動車、嘟嘟車、計程車等各種司機都在招呼攬客，我趕緊順著人潮擠進快坐滿人的電動車，完全不介意和別人摩肩接踵，此時這種緊緊相依反倒令我安心不已。

儘管已有夜訪街友女性的經驗，卻是因自己的意外晚歸，才明白此前不過是不知民間疾苦的公主，即使上了街仍被好好的罩在溫室裡。直到失去同伴的掩護，才切身體會到無家者女性平時面對的是什麼情境，及她們由此而生的焦慮、擔憂、煎熬、害怕、無助。

在巷口的果汁攤下車，看到攤位還有人在忙著收攤時，心裡又踏實一點，快步走回家的路上再沒遇到阻礙，但恐懼感仍隨著巷弄越深、人聲越少、燈光越暗而持續膨脹，就怕有人出其不意從暗巷中跳出，一路上都走得提心吊膽。

「究竟，保有多少戒心才是合理的程度？」平安到家後不禁如此自問。無法分辨究竟是自己過於神經質，還是那就是為了確保安全的必要提防？而當人們總說街頭女人歇斯底里與瘋狂時，不知是否曾設身處地想過她們的處境？

沒有足夠堅強的意志，相信自己能克服那被害妄想，後來我也不惜動用資本，告別鄰近貧民窟的居所，搬進有警衛看守社區入口的門禁社區（註1），不再需要擔心晚歸時得獨自一人通過可能窩藏危險的巷弄，也終於能婉謝同事的護送，減輕自己加諸在他們身上的負擔。

來到房租較高的中上階級區域，環境與治安明顯好上許多。表面上，搬到這區是身價躍升之象徵，唯有我知道自己的沉淪。好聽的藉口是為了不再麻煩友人，實際上明白自己的行為無異於認同這種武斷劃界的傲慢態度，將自己與廣大的城市百態切割，把自己劃入「需要被保護的範圍」內。

門禁社區內自有幾處小公園，藉此創造出有別於外界的美好世界。當保全不讓閒雜人等進入社區，中上階級在這裡便能迴避面對其他階級，悠閒自在的散步。若必須出門，他們亦習慣以車代步，直接進到超市賣場與百貨採買。被隔絕在外的街道生活意味著混亂與危險。

討厭這種以居住隔離他人的形式，擺脫不了「自己是偽君子」的念頭，就必須更認真思考自己究竟是想把什麼隔絕在外。我想自己並非想避開異質之人，但在貧民窟附近的狹小巷弄中，抹不去對「身體安全」油然而生的焦慮與害怕。莫名的壓迫感與性別緊密相連，讓恐懼成為劃界最好的自我辯護。

隨著時間推衍我也更懂得如何保護自己，但即使已盡力避開危險，仍有那種怎麼用力都甩不掉的騷擾會找盡機會黏上身來。那些隨機的惡意挑釁雖不曾直接傷害肉體，卻明確地使我感到無力，只因那些輕蔑踰矩，每次都明明白白的是建立在我的性別角色上。

某次夜訪庇護所後坐嘟嘟車回家，司機竟故意繞到一條幾乎沒路燈的馬路。當暗黑又奪權，人性黑暗再度浮上檯面，司機突然停在路邊，回頭跟我多要五十盧比。那擺明是勒索（雖然金額不高），而我當時電話在手，隨時可以打電話求援，手機定位也清楚標示出自己所在地點，但即使有這工具，我仍無法忽略路上完全沒其他人車的事實。

不願冒險將自己置於更危險的情境中，只能摸摸鼻子認栽，答應司機的要求，並催促他重新上路。我的女權自主意識，在那情況下完全解救不了我的身體弱勢，為了保護自己，只能策略性地妥協，除非覺得準備好面對更糟的結果，否則不可能硬碰硬，不顧一切的反抗。

最後即使平安抵家，內心卻仍猶有餘悸，當恐懼慢慢褪去，留下的是滿腔無處發洩的怒火。加害者利用我的害怕而得逞，而我反被自己無計可施的怒火給燒傷。縱使外在未有任何傷痕，內心卻已生出陰影。更感挫折的是，若同樣情況再次發生，我還是想不出自己能有什麼更好的選擇？

還有一次，就在要轉進門禁社區的柵門前，嘟嘟車司機回頭帶著詭異笑容問我結婚了沒。「當然，他正在家裡等我！」那時已知曉搬出什麼答案就能讓對方閉嘴，但內心真正想做的其實是直接對他大吼：「關你屁事！」即使我是單身女性，即使那是夜裡，都無法合理化任何人的輕蔑與騷擾！

當皮還薄肉尚嫩，一不小心用力摩擦就會破皮受傷，但若不斷重複摩擦，當下雖痛到不行，直待老皮厚繭長出後，痛感逐漸被隔絕削弱，人變得麻木，也會更不計後果的回應。

這些經歷使我對無家者女性的生存策略有了更切身的體會，了解她們保護自己免於受傷的堅強武裝，是在一次次的傷害後鍛鍊而成。也讓我隱約瞥見在陰影背後，關於被騷擾、威脅、強迫等情節的難以啟齒，關於該屈服或起身反抗的兩難，關於活在「壞女人」的標籤下，注定永遠不能翻身的魔咒。

如果我們還是要說無家者自由，我想問那是哪種自由？他們有免於恐懼和匱乏的自由嗎？源於恐懼的劃界，會不會只是方便我們共同逃避讓各處都變安全的責任，和阻絕他們於真自由之外的推手？

註1：Gated Community。有圍欄環繞、警衛保全看管的社區。通常環境較好，租金房價也較高。

如何理解偷竊？

最奇怪的是，每次我看著我欺騙他得來的錢，我的感覺不是內疚，而是什麼？憤怒。

我偷得越多，才瞭解他從我身上偷走多少。

——亞拉文・雅迪嘉《白老虎》

門禁社區透過保全過濾掉閒雜人等，創造出有別於外界的秩序與安全，這藉「劃界」區分裡外好壞的意圖，說穿了不過是種催眠術，他們從未真的想隔開與他們相異的階級，只是設定了結界內的遊戲規則，要求他者以低人一等的（僕人）姿態進入。

早晨七點，「叩叩叩、叩叩叩」有人用力狂敲房門，那急促有力的叩門聲不是請求詢問，更像催促。我睡眼惺忪地下床開門，看見門後站著一位朝氣蓬勃、笑臉盈盈的陌生女人，左手提著水桶、右手拿著抹布，脫口就是連珠炮的印地語，我聽不懂，只能用未開嗓的沙啞聲音回了聲早，腦子瞬間從她手上的工具推測是家庭幫傭。甫搬進新家，新房東未事先告知他們有雇幫傭，但還沒來得及拒絕，女人已逕自穿過我走進房裡打掃，徒留尚未清醒的我愣在原地。只好趕緊尾隨跟上，看是什麼情況。

新住處是間房型方正的套房，包含私人衛浴。房裡的雙人床雖也占了大半位子，但除床頭靠牆，其他三面各留有近一公尺寬的走道。她一走到床頭邊，立刻二話不說雙膝跪地擦地板，倒是我窘態畢露，既不好意思躺回去賴床，也不知改擺什麼姿勢才適合，只好默默盤腿坐在床上等待，眼光不自覺落到她身上，看她俐落地將抹布滑過磨石子地板，不消幾分鐘就清理完畢。

接著她走進浴室，只聽得水龍頭扭開，水沖進桶裡的嘩啦嘩啦聲，刷子用力摩擦浴室磁磚的唰唰聲，最後是用桶裡的水沖地時的啪嗟一聲，來結束她的清潔工作。那聲音中的急躁不耐節奏，把我的睡意都趕跑了，只好也起身準備上班。

梳洗完畢後簡單幫自己弄點早餐，獨自在餐桌吃飯時，竟又看見門外還有一位幫傭在曬衣服，內心不禁暗忖「有必要嗎？」但在印度待上一陣，便發現請幫傭並非有錢人的專利，它比想像中更為普遍，許多中產階級也習慣聘幫傭處理家中雜務。例如辦公室裡有位獨居男同事，雖喜歡自己打理三餐，卻不愛收拾碗盤或做其他家務，於是雇了女傭，每天趁他上班時到家裡幫忙洗碗、洗衣、打掃。另外兩位年輕女同事也都雇了幫傭固定在週間早晨到家裡幫忙煮早餐、準備午餐便當與打掃，她們其中一個單身、一個才剛新婚不久。

透過幫傭分擔繁瑣家事，讓人能更專注在工作上，儼然已成為眾人習以為常的社會分工，在許多國家甚至變得愈發普遍而重要，但不能放棄追問的是，他們面對的是什麼樣的勞動環境？在印度，家庭幫傭仍屬非正規行業，法律尚無對此業的規範，沒有基本薪資或工時上限等保障，只能說是全權交給市場那雙看不見的手，但不透明的雇用機制使此業成為人口販運的溫床。而在那公私分野如此隱晦，主僕上下關係又如此明顯的工作場域裡，缺乏法定制度的保護，更讓仲介剝削或雇主虐待等事件層出不窮。

這裡之前寄宿的不若家庭式旅館，必須自行料理三餐，但可與房東共用廚房。某天在廚房準備晚餐時，新家的房東太太也正準備做飯，她向我搭話：「敏淑，你冰箱裡的食物有沒有什麼不對勁？」

「嗯？」我不解話中含意。

「唉，我們的蛋被幫傭偷了，我老公下班已經快到家，現在去買會來不及，你可以借我幾個蛋嗎？」

這家太太是職業婦女，有三個女兒，並與婆婆同住，體諒她為人媳婦壓力大，便沒多說什麼，從冰箱拿出自己的食物籃查看，確認沒少後就把蛋都給了她。住了幾日，還觀察到房東太太雖聘了兩個幫傭，卻從不讓他們插手三餐，她嫌其他人煮得不夠乾淨健康，只信得過自己親手準備的食物。

「你的東西都要算好放整齊，他們有時也會偷喝牛奶什麼的，防不勝防，真的很麻煩。」房東太太又叨念起來。

「那……為何不直接跟他們講開就好？」不知該回什麼，只好吐出這句。

聞言，那太太反倒露出一臉苦惱的表情說：「不能說啊！要是說錯話惹到他們，他們可能哪天就索性不來了，到時我要去哪兒找人？這年頭找人不容易啊，我們之前有個很好的幫傭，但她回鄉下結婚了……。」她話裡行間雖有不捨，更多卻像是在解釋自己待幫傭有多好。更反差的是，當她抬頭要開櫥櫃拿香料，注意到櫃門的黏膩油漬時，口氣又立刻轉回抱怨：「你看我的廚房有多久沒好好清理了，還得另外找個人來負責整頓廚房。唉，那個擦地的女孩都不認真，每次做事都很草率……。」

「什麼，還要找另一個人？」但這句話我沒說出口，只敢在心裡嘀咕。

「敏淑，你重要的東西都要收好喔，出門時一定要鎖進櫃子裡……。」房東太太繼續碎念不休。

「被害妄想症。」我心想。

怎知某天晚上，洗好澡後在梳妝台前準備進行例行保養時竟發現乳液罐不見了，在房裡各處遍尋不著，苦惱氣憤頓時升起，像雲霧一樣將自己團團包圍，腦海中亦似受暗示制約般，朦朧地浮現那張笑意盈盈的臉。我用力搖頭，想甩開這毫無根基的指控，念頭卻像不受理性控制的脫韁野馬般，逕自拚命地往前衝：「不是一直都放在這裡嗎？這種東西有什麼好偷的？」

那不是什麼貴重物品，但我就是過不去。生氣「可能的她」明知我會發現，卻還是無所顧忌的拿走。為何完全不在乎我的感受和看法？智商瞬間退化，像搞不清楚自己情緒來源的小孩般生起悶氣，氣房東太太強化我對幫傭的扁平刻板印象，氣自己成為當事人後，竟避免不了複製不公平的武斷推論。更糾結難解的想法是，若真是幫傭所為，想不通她為何要落人口實，跳進別人給她挖的洞？

為自己無意間承襲了自己所反對與厭惡之事，以及無法擺脫刻板印象而苦。這時需要有人聽我傾訴，亦渴望能向人懺悔。

終於等到拜訪好友的那天，她是我研究所的印度同窗，在政治上極有想法，也關注社會公義。知道陷在思想泥淖中的自己無法做出正確的判斷與行動，於是期待能在她面前自曝其短，透過她的同理或當頭棒喝的責備都好，或許能幫自己轉換視角，還原事件的原貌。

怎知朋友聽了，只是不置可否的答：「喔，這沒什麼好大驚小怪的啦，這裡的人都知道『他們』一定會偷東西的。我們在鄉下的家，也是三不五時就有東西會被摸走。現在能租到這間房子很幸運，前任房客推薦我們繼續沿用為他打掃煮飯多年的阿姨，所以沒太大問題。但小心起見，我也會避免讓她進我們的房間，只讓她打掃客廳和廚房而已。」朋友用閒聊般的回應輕輕掠過我的掙扎，卻只是使我更加失語。

沒有深入了解，便自動排除其他人偷竊的可能性，更未進一步說明，那在她看來無須大驚小怪的偷竊背後，究竟是被什麼動機所驅動？是太匱乏所致的難以避免？或是單純因貪婪而起的犯罪？甚或是對剝削的變相反抗與怒吼？覺得那應該才是重點所在，整個人卻像洩氣的皮球，已無力再追問。

最後還是決定不追究這件事，光想到一旦說出，房東太太肯定會擺出「看吧！我早就跟你說過！」的嘴臉，就寧願讓它成為懸案，藏在自己心裡就好。冷靜下來後明白，乳液也大有可能是被家裡其他人拿走，當嫁禍變得如此容易，誰都能輕易跨過那條線。就像那消失的蛋，房東太太為何不懷疑是我偷吃的？為何不需任何佐證就能不分青紅皂白的直接怪罪給幫傭，卻又不願說破？這裡頭究竟暗藏著什麼樣的平衡？她們明明彼此需要，卻是以如此負面的方式連結。這責任，又該歸咎給誰？

但我還是作出了改變，當信任一旦破洞，不知該如何彌補，不願再多經歷一次這種糾結，我只能選擇把更多東西都塞進櫃子裡上鎖，還有盡量避開那幫傭的眼神而已。她每天仍掛著同樣燦爛的笑容，我卻已無法給她自在坦然的微笑。對自己失望，討厭那些負面標籤讓懷疑變得輕而易舉，更氣自己對人的信心這麼禁不起考驗。為何明明不想毫無根據地評斷他人，卻彷彿早已在朦朧間下了判斷？

將偷竊歸因於社會結構問題或個人品行產物，將引起天差地別的回應模式。但朋友和房東太太似乎已不再對原因感到好奇了。如果人們都覺得「他們就是會這樣，沒什麼好大驚小怪」，並依此想法對待「他們」時，「他們」難道不會接收與內化「反正我們就是這樣，沒什麼好大驚小怪」的想法嗎？

我們何以淪落至此？底層的人不由分說就成了代罪羔羊，東西一不見，人們便自動認定「他們」是兇手，不再有任何偵查，也不去思考迫使「他們」偷竊的原由。但看待偷竊，我們真能完全不考慮動機，光以行為定罪嗎？社會以法律刑罰去抑制偷竊行為的發生，但若偷竊僅只是為了存活，透過懲罰阻止得了嗎？又或者，那樣的阻止合乎道德嗎？

彷彿大地震動，我忽然失去重心，繼而感到嚴重的歪斜，某個東西因那失衡滾出原本置放之處，墜落、觸地、碎裂，是我的心嗎？這個自詡進步的社會，披了越來越多層經濟發展的糖衣，卻未曾中和裡頭階級壓迫的苦。多少人在有意無意間持續了助長那歧視，卻不用面對自己的良心？

已過早上九點，房東夫婦都去上班，孩子們也去上學了。我因前夜街訪行程至深夜而晚起了些。走進廚房，看見只剩一人在家的婆婆，正在瓦斯爐邊用鐵盤煎蛋。總是笑臉盈盈的那位幫傭，蹲在一旁角落，手上拿的不再是清掃工具，而是不鏽鋼餐盤，她正津津有味地吃著煎蛋和恰巴提。我終於鼓起勇氣向她自我介紹，並得知她叫曼尼莎。

「她們也很辛苦，錢賺那麼少，不能不給人家吃點東西吧！幫我叫外面的莎提也來吃吧！」婆婆說。

走到門口，拍拍正在整理盆栽的莎提，示意她跟我到廚房。那瞬間，對謎底的執著似乎已不再重要。在這間小屋裡，一個年邁體衰的老人、一個外國房客、兩個家庭幫傭（好像都是依附這個家存在的邊緣人），藉著食物開啟了交流。

「那些消失的蛋，不會是婆婆拿來煎給她們吃的吧？」我嘴角浮起笑意，真心不再為消失的乳液糾結了。從冰箱拿出食物籃裡的吐司、奶油、起司、巧克力醬和大家分享，不用坐到餐桌前，就直接蹲在廚房角落和她們一起進食，身心靈全因這能量的傳遞互動而感到通體舒暢。只是再從櫃子拿出即溶咖啡問有誰想要時，都沒人領情。婆婆說：「她們說那個又黑又苦，不懂到底哪裡好喝。」大家扮出苦哈哈的鬼臉，看到那逗趣表情，原本還困頓不已的心，似乎又找到繼續向前的勇氣。

女人們

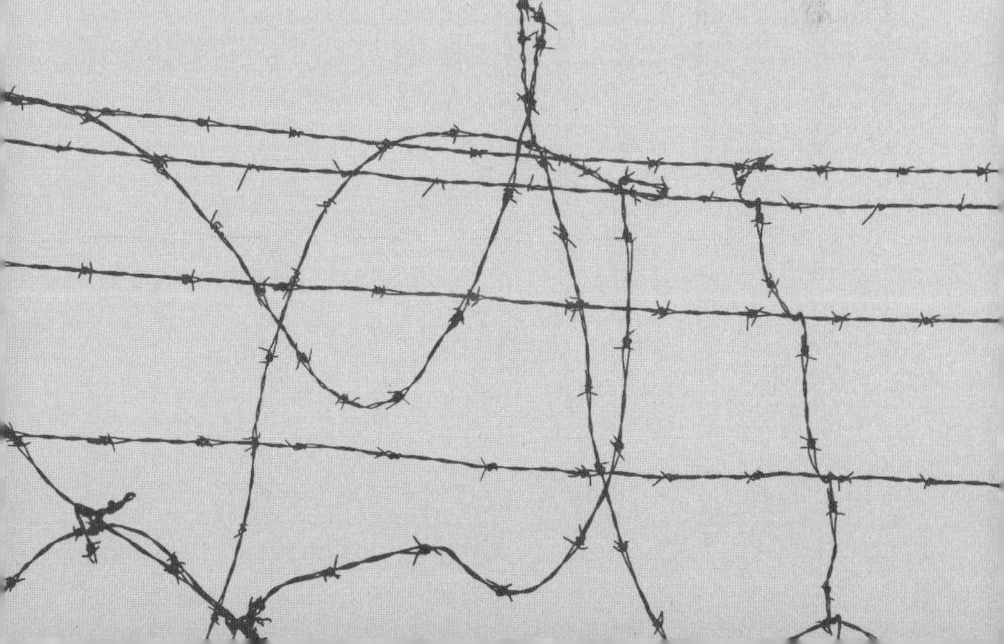

逃離後母的哈希娜

初上街頭

德里的交通經過這些年，還是一樣混亂，甚至有過之而無不及。尖峰時刻仍免不了要塞車，有時沒幾公里的距離，卡在車陣中就要耗上個把小時，所以決定下班後至少再等一小時才上街。當然，最主要還是德凡許說：「太早上街，什麼都看不到，人們要入夜後才會陸續回到街上的住處。你會發現夜裡，城市是完全不同的面貌。」

晚上八點後上街，來到德里發展已久的購物中心區康諾特廣場（註1）。哈努曼神廟（註2）附近的人行道上，完全不需費力，只要看一眼便能憑直覺知道誰是無家者。有群人鋪了張大毯子坐在一棟已拉下鐵門的破舊商業大樓前，很是醒目，看起來像是個大家庭，裡頭有年長的阿公阿婆、年輕女性、和極年幼的孩童。

身邊的夥伴個個都沒有語言障礙，唯有我與他們隔了層看不見的透明罩，於是默默跟在大夥兒身後靠近。

普許卡拉率先向阿婆攀談：「大姐，你們是從哪裡來的？」一開口便蹲了下來。阿婆盤腿坐著，起初仰頭挑眉看我們，慢慢轉成舒服的平視。她一開口便中氣十足，彷彿對這話語權期待已久：「我們是『搬扎拉』族（註3），來自拉賈斯坦邦（註4）。本來住在附近的貧民窟，房子被政府拆了之後，逼不得已只好搬到街上來。這是我的媳婦、孫子，我兒子去工作還沒回來，女兒則被好心機構帶去念書了，你要不要看她的照片？」阿婆說完，未等我們回應就轉身站起往後走，佝僂著腰、腳步緩慢地踩了幾階樓梯上到破舊大樓的門口。那裡掛著兩個鼓脹脹的行李袋，阿婆拉開其中一個的拉鍊，手伸進裡頭猛掏。

「大姐，這是你們全部的家當嗎？」我們沒跟上阿婆的行動，仍待在毯子旁。怕阿婆聽不到，普許卡拉扯了喉嚨問。

「對啊，放在這個角落比較安全，比較不容易被偷或被搶。」阿婆也毫無顧忌地喊聲回答。

阿婆如願找到她的珍藏，珍重的捧著拿到毯子這邊，因為要展示給我們看而露出一臉興奮。那本深紅色的硬殼相簿外表不太起眼，翻開裡頭全是企圖展現雍容華貴、布滿金色雕飾背景的沙龍照，只不過，任誰都能看出那粗糙的金飾不過是塑膠塗料漆成的道具。照片中的主角是個年輕面貌的女子，身穿紅色紗麗（註5），一臉含蓄的微笑，但不若阿婆投注感情的細細觀賞，我們只翻看幾頁便很快失去興趣，因為每張照片幾乎都大同小異，僅是同個場景下的細微動作表情變化。

問阿婆多久沒見過女兒，她只含糊不清地說好幾年就讓話題逸散在空氣中，我們也不知該如何接下去才好，因為稍早阿婆也怎麼都交代不清女兒究竟是去了哪個機構或學校。我們唯一能感受到的，只有母親對女兒的濃密思念而已。

普許卡拉繼續和阿婆閒聊，我的注意力則被圍繞在她身邊的兩個孩子給吸引。不知誰給了其中一個孩子一張恰巴提（註6），他拿在手上有一搭沒一搭地舔咬，另一個孩子想搶，但這孩子不依，雙手奮力揮動抵抗，說時遲那時快，一時間他尚未統合的手掌一鬆，大餅便直接落到地上，兩個孩子都愣了一下，我也扼腕食物就這麼浪費了。但過不了多久，等那個欲搶餅的孩子察覺那抵抗的孩子已失去對餅的興趣（或僅只是忘了餅的存在），便又默默把餅從地上撿起來吃。

腦中一時閃過「吃髒東西不好」的念頭，升起想伸手去拍的衝動，但最後硬是忍了下來，讓自己停留在旁觀他們日常的位置。看不出這兩個孩子的年紀，唯一可以確定的是他們都瘦弱乾癟，反應也慢半拍，不知是否因營養不良而發展遲緩。但即使他們頭髮蓬亂、衣服上遍布灰黑污垢像好幾天沒洗澡，卻一點無損他們探索世界時無厘頭動作的可愛；即使眼角仍殘留豆大的眼屎，也絲毫不減他們眼神中的純真明亮。他們不像大人們安坐在毯子裡，亦未懂人間世故，只是打著赤腳、光著屁股，一派天真地在毯子裡裡外外奔跑嬉戲，而我，光只是看著他倆無需言語的互動，就已感到莫大滿足。

似是感受到我熱切注視的眼光，他們也漸漸停下原本的打鬧，慢慢圍到我身旁，饒富興味地拚命打量我。一開始尚不敢直接和我互動，但蹲得久一點，他們似乎就判定我沒惡意，當我一伸出手，他們的小手也試探性地來抓我的手指。但我也搞怪，每當他們快碰到時，我就彎曲手指不給他們抓，這莫名的小動作惹得他們笑得合不攏嘴，玩到後來兩人甚至都搶著抓我手臂，我索性讓他們各執一方，任自己被這單純美好的互動給融化。

然而，德凡許的聲音卻硬是將我從美夢中喚醒。

「敏，你快去找妮爾瑪拉，她正在和一個年輕女性說話，那女人說自己做了羞恥的事……。這種事還是女生跟女生談比較好，在我們男人面前他們不會坦誠說出實情的。」德凡許往不遠處指去，只見妮爾瑪拉正背對我們面對一個女人站著，女人則坐在街邊的圍欄上。我趕緊加入，站到妮爾瑪拉身邊。

兩人的對話已進行了一陣，所以我無法立即明白內容，只能先像觀賞默劇般，倚賴眼睛能取得的畫面作為線索。深藍色紗麗裹住女人的瘦削身形，唯一露出的是不太搭軋的微凸小腹。（是懷孕？還是營養不良？）她膚色黝黑，隨意紮起的自然捲長髮，也和孩子們的一樣蓬亂打結，不知已多久沒整理。她和主動侃侃而談的阿婆不同，話不多，總在妮爾瑪拉問話後才回答，說話時也不太看妮爾瑪拉，偶爾低頭玩弄手中的橡皮筋，或有點漫不經心的瞟向別處。

妮爾瑪拉的談話方式與普許卡拉截然不同。普許卡拉雖已四十好幾，卻沒有權威的架子，愛開玩笑的性格配上經常帶著笑意的表情，有種青少年的俏皮。表面上閒扯淡工夫一流，實際上那部分是本身性格使然，部分則是經歷淬鍊出的圓潤談話技巧，有助於讓人卸下心防。至於二十多歲的妮爾瑪拉，則在光譜的另一端。她工作認真上進，性格剛毅堅強，整個人嚴肅許多，談話時不苟言笑，想事情時還習慣皺起眉頭，不免給人些許的壓迫感。他們兩人同屬需研讀各類文獻，批判思考議題的研究小組，雖都是第一次到街頭訪視無家者，但相較起普許卡拉的如魚得水，妮爾瑪拉始終都是嚴陣以待。

趁她們談話空檔我湊到妮爾瑪拉耳邊問情況如何，她說藍衣女子叫阿莎，幾乎不正面回應她的問題，不論她問什麼，阿莎只說自己想說的。而所謂的「羞恥之事」，也和德凡許猜測的性騷擾方向不同，指的是她染上毒癮的過程。

阿莎說一開始染上毒癮的其實是她丈夫。吸毒後的丈夫整個人都變了，不去工作，只會跟她討錢買藥。她雖難過不已，卻也無計可施，最後乾脆死馬當活馬醫，帶丈夫離開德里到印度教聖地朝聖，祈求神明為他們開運解厄。在那裡，丈夫逐漸好轉，她以為他已擺脫毒癮便帶他回來，怎知丈夫一回來後又禁不住誘惑，立刻重回毒品懷抱。她想不通為何丈夫總看不出毒品的邪惡，於是為了讓他體認到毒品的可怕，她決定跟著以身試法，相信他看到自己的慘況後會徹底醒悟，但下場不過是讓自己也跟著上癮……。她不斷表達愧對家人的懊悔，卻也承認自己無力根除惡習，只要有錢就會想買，不然就會很難受……。

「你們看這女人多不長進，兩個孩子還這麼小，她不好好照顧他們，只顧著吸毒，錢都拿去買毒品了，小孩的未來該怎麼辦……？」聽得阿婆的謾罵，雖能理解她的擔憂，卻不免納悶她的兒子去哪兒了，怎麼還沒回來？不會又是去吸毒吧？正想叫妮爾瑪拉安慰阿莎別因此太難過時，卻只見阿莎已無法集中精神，眼皮如千斤重般的不斷垂下，簡直是要打起瞌睡了，再看看一旁的妮爾瑪拉，似乎仍未發現不對勁，繼續著她一片苦口婆心的勸告，要阿莎下定決心改變，還舉出哪些單位有提供對兒童的照顧和補助……。

阿莎似已進入恍惚狀態，而妮爾瑪拉的眉頭仍糾成一團，我無法從兩人表情讀懂她們的心情，她們像是受各自的現實牽制，就算交會，也不過像是一隻靈魂穿過一個有肉身的人類那般，即使看得到卻觸摸不到也影響不了彼此……。

離開她們，看見阿拉夫正在和兩名男性無家者交談，這是他一貫的作業方式，藉著和無家者閒聊，從他們口中了解與掌握整區的近況。阿公和小孩們坐在毯子上，專注且迷戀地盯著迷你電視，阿婆從角落拿出一把鬃毛掃帚，把毯子邊的垃圾和灰塵掃到一旁。德凡許和普許卡拉兩人在交談，猜想是德凡許正在和普許卡拉分享街頭工作的經驗。有個蓬頭垢面的人，走到他們身邊向他們乞討，他們沒有揮手叫他離開，反倒跟他聊了起來。

望向更遠，更未被路燈關照到的角落，有兩團白白的不明物體。細看才從裸露的赤腳得知是有兩個人蹲著，用厚毯將自己從頭到腳覆蓋。那欲蓋彌彰的意味如此強烈，反而更像是要昭告天下自己正在做什麼不可告人之事。「那些人在吸毒，你若看到有人神智恍惚，千萬不要靠近，他們已不是完全清醒，不一定知道自己在做什麼。」阿拉夫觀察到我的好奇，又忍不住再次叮嚀。

才說完不久，便有個年輕女孩向我走來，緊緊抓住我的手臂。她臉上帶妝，鮮豔的正紅色口紅尤其搶眼，但眼神已極度渙散，手上還有許多自殘的傷疤。聽不懂她在說什麼，僅能從手勢讀出她在向我乞討，阿拉夫見狀，趕忙抓住她的肩頭，把她從即將依偎到我身上的姿勢扶正，帶著走不穩的她到毯子那邊坐下，還不忘回頭強調：「這就是夜晚的常態，記得時時保持警覺，學習如何保護自己。」

那是夜訪的第一堂課。踏進是非對錯道德法律都已模糊的邊緣地帶，每個人似乎都處在半夢半醒間，而我，真能參透這幽暗國度中的各種魔幻嗎？

註1：Connaught Place。

註2：Hanuman。印度史詩《羅摩衍那》中的神猴。

註3：Banjara。印度的一支部落，過去曾是游牧民族，其音樂舞蹈服裝飾品等皆具特色。

註4：Rajasthan。印度西部與巴基斯坦相鄰之邦。

註5：Saree。印度婦女的傳統服裝。

註6：Chapati。全麥烤餅，是印度普遍的主食之一。

片段印象

時間是相對的。

當進入一個充滿新刺激，讓人有層出不窮新奇體驗之地，由於大腦身體皆同步高速運轉，時間的流逝變得相對緩慢，幾分鐘就好像幾小時，其中各種聲音氣味光影場景人物事件變換皆滿載象徵意義，帶領人的感官與想像無限延伸。除此之外，人們還得深入跟所有不在場的細節互動，回顧過去、展望未來，並確認其中的邏輯轉折是否順暢。只不過，被各種片段充滿的腦袋最後能拼湊出的，並非如福爾摩斯推理辦案所得的那般正解，而僅僅是個人的小歷史在國家大歷史中的流變，或是個人的清醒與瘋狂對照著社會的理智與混亂。

某個瞬間，有種眾人皆醉我獨醒之感，卻在涉入越深的往後，明白這世界不得不叫人瘋狂。

這是一篇關於印象的故事。

走近德凡許和普許卡拉身旁的人，和走近我身邊那位嗑藥後神智不清的女人，有著不同動機。他認得德凡許，雖然印象已漸模糊，像陳舊的水彩畫被翻倒的水染暈後，更加無從辨別形體的輪廓，徒留被褪淡的顏色，只知道他是曾經幫助過她的人，但那些人來來去去，從未停留。那是多久以前的事了？他怎麼又出現了？德凡許也認出他來，這一邊，腦海中浮現的卻是用黑色麥克筆畫出的生硬事實，邊界清楚不含糊，卻少了豐富的顏色充盈內在，也稱不上完整全面。

他把那些自動跳出的畫面輪廓從心中抹去，不願我們被他認識的片段引導，他了解自己所擁有和缺失的，也明白這次他的任務僅是帶我們進門。在街頭的各種光怪陸離，都必須靠自己親身去接觸互動和建立關係，那種「在印度問一百個人會得到一百種答案」的說法，在街上根本是問一個人就可能得到一百種答案。

於是，德凡許介紹普許卡拉和我與眼前這人相識後，便不再發言，悄悄從對話中抽身，甚至退了幾步轉為局外的旁觀角色。至於我們能聊到什麼程度，便是個人的修行造化了。

他是男是女？光看外表，我實在無法斷言。他頂著一頭沒整理的及肩短髮，身上套著件過大發黑的T恤，穿著淺藍色寬鬆的短褲、赤腳，表情充滿怯懦，眼神透露出不信任，雙手交疊在胸前，看似尚未敞開心胸，但身體卻也沒有要移開的意思，正面迎著我們，又像是種邀請。

也許人都有被聆聽的渴望，不管那表達多麼曖昧。

她是哈希娜，三十一歲，沒有外顯的性別特徵，最後是名字透露了她的性別。憶起抵達印度前，曾讀到有篇期刊歸類了女性無家者在街頭的生存策略，了解到有的女性會利用女人味去符合社會一般（尤其是男性）眼光的期待，如在危急時表現柔弱，以增加獲得幫助的可能；有的女性會選擇裝扮得像男生，或展現好勇鬥狠的一面，藉以嚇阻危險；還有的則乾脆完全掩蓋自己的性別特徵，讓人看不出是男是女，以避免被騷擾或霸凌。（註1）當時還不知道哈希娜穿成那樣是否有什麼特別的原因。

哈希娜說自己是逃家的。母親早逝父親再婚後，後母和她同父異母的手足們並不喜歡她，父親又長年在外工作，她漸漸覺得那個家容不下她。十幾歲時，因不堪後母的虐待，便從拉賈斯坦的家鄉跳上火車，來到德里。她一開始住在車站裡，後來則被致力於街童議題的機構收容。

「在那裡，我學了很多東西，我很有能力。」她言談中充滿對那段日子的懷念與驕傲。

「那為何之後又流落街頭呢？」普許卡拉問。

「收容我的機構負責的是兒童議題，我十七歲時，他們說我滿十八歲時就得離開。我拚命求他們，但他們說不行，規定就是規定，於是我只好回到街上。你知道嗎？那時我什麼都有，有錢有證件，本來可以做很多事的，但在街上才住幾天，東西就被偷了。我變成一個沒身分的人，哪裡都去不了……。」

哈希娜一語道破了社會服務不同領域間的盲點。弱勢者往往不只有一種弱勢，無家、貧窮、女性等狀態，可以同時集合在一個人身上。十七歲和十八歲的哈希娜同樣是無家者，卻因不再符合兒童身分，失去了原組織提供的屏護和保障。但服務成年無家者的機構多只提供暫居處或食物，治標不治本，服務的未能銜接與不適切，令她頓時失去支柱。

「你晚上都睡在哪裡？」

「搬扎拉家庭有個小電視，我會來跟他們一起看電視，晚上我們怕危險，所以都很晚睡。真的想睡時會睡在他們附近，和他們一群人就近有個照應，別人以為我跟他們是一起的，就比較不敢欺負我。」

「所以他們不會趕你，那你們會一起吃飯嗎？」

「不會，除了睡在他們附近以外，其他我都自己想辦法。他們對我不好，每次有問題發生就怪罪到我頭上。有時誰的東西不見了，他們就說是我偷的，還會聯合起來打我。」

「那這樣你還和他們一起？」

「……」哈希娜沉默一陣後改口說：「他們也沒那麼壞啦！如果有人要欺負我，他們還是會把我當成自己人，不會讓別人占我便宜……。」

搬扎拉家庭是典型的「無住所家庭」（註2），他們並未失去心理上的「家」，只是沒有實質上可供居住的房屋。但反觀孑然一身的哈希娜，既無可遮風避雨處，心靈上也沒有歸屬，只能寄生在搬札拉家庭旁。說來奇妙，他們的連結看似薄弱，哈希娜對他們的埋怨也不少，不過要是比起獨自面對潛藏在黑暗中的匿名惡意，她便又覺得受這點委屈是值得的。

「你靠什麼維生呢？」

「我會去撿垃圾，再拿去舊德里火車站附近的回收商那邊賣。現在的競爭很激烈，所以都必須要很早起床，最好要在五點天亮前出發，慢了好東西就被別人撿走了。」

「這樣賺的錢夠嗎？」

「看情況，有時一天可以賺到一百多塊盧比。」

一開始，哈希娜的話不多，雖願意回答我們的問題，但那問答的一來一往間，總不免有些制式與生疏。初次見面能聊的深度有限，更何況生活豈能如此簡單的一言蔽之？

「那賺來的錢你都怎麼花？」

「我超愛看電影的！電影院裡很黑，大家都看不到彼此，電影裡的唱跳又總是讓人特別開心，看一場就能維持一陣好心情。我也喜歡坐火車，不久前我才去了哈里德瓦接近恆河。那陣子我心情特別差，但在聖河沐浴完後，真的有被洗滌和淨化的感覺，我在那裡待了幾天才回來德里。」

「你常看電影和坐火車嗎？錢會不會不夠用？」普許卡拉和我一樣驚奇於哈希娜談起興趣的熱衷與坦率。

「不是每次都需要花錢啊！」哈希娜露出沾沾自喜的樣子。「趁燈光暗下後混進電影院就不用付錢了，火車也不是每班都有人查票啊，機靈一點可以省下不少錢啦。」

想不到這問題竟讓哈希娜打開話匣子，她原本興致缺缺的表情，突然間變得活靈活現起來。看著哈希娜臉上的笑意，忽然覺得她在追求的自由好單純渺小。她很小就開始流浪了，卻不是浪漫的事，而是不斷在夾縫中求生存，不斷妥協，沒有明天的過每一天。只有電影和旅行讓她得以暫時脫離流浪的現實，在那種時刻，她無法完全獲得的自由似乎才真正在她掌控之中。

隔天，我和普許卡拉分別寫下田野筆記，腦子還順著哈希娜給的大綱，開始編織與想像她生命中的其他故事。詳細琢磨談話內容，是為下次會面能問更深入到位的問題作預備，記得她的故事，讓她可以更輕鬆自在的揭露自己，更是我們認為不可或缺的功課。德凡許經過，探頭問道一切都好嗎？我們轉述了哈希娜昨日所言。

「嗯嗯，你們還需要更多時間。」聽了我們的敘述，德凡許只吐出這句。

這不是廢話嗎？初談的重點是在建立關係，即使得到的只是模糊輪廓也已足夠，不懂德凡許究竟在意有所指什麼，我們兩人充滿疑惑的望著他。

「她說的跟事實有點出入……。」他又說出一句。

「咦？」

「她是逃家沒錯，家庭不健全、家人不願管她、不願為她多付出也和我所知的資訊相符。她也的確曾被致力於街童議題的組織收容過，但她沒說的是，她只住不到半年就逃走了，她受不了收容所裡面的規範。在那之前，她是令人人都頭痛的混混。雖是女生，但打打殺殺起來她可以比任何人都狠，很多人都怕她。但她也是可憐的孩子，從街頭上聽說，她後來有被性侵的經驗，只是那部分不是我的專業，也不知道有沒有團體介入處理……。昨天看到她很感慨，有種『啊，她還在街上啊』高興也不是，不高興也不是的感覺。」

想起哈希娜剛和我們開始聊天時畏縮的樣子，若非曾受傷，不然應該會活得更抬頭挺胸吧？而那些騷擾，雖可藉由睡在搬札拉家庭附近來避免，但若心裡的安全感仍未回復，真能睡得安穩嗎？

就這樣，好不容易才建立起的哈希娜印象，經過德凡許的攪和，一瞬間又像洗了拖把的水一樣渾濁，讓人失去頭緒。還記得昨晚離開前，哈希娜同意下次再和我們見面聊聊，甚至主動提出要介紹其他和她一樣孤身一人的女性無家者給我們認識。「真是太幸運了，首次夜訪就這麼順利。」當時心裡還充斥著滿滿的成就感，但事實上，我們沒能交換任何聯絡方式。沒有手機的她，來去就像一陣風。

「要怎麼找你？」我們問。

「就來這裡吧，你會找到我的。」她一派輕鬆地說。

那時我還不知道，德里街頭是這麼大的迷宮，可以藏匿無窮無盡的祕密。

註 1：〈你必須學會怎麼玩遊戲：無家者女性如何藉性別表現作爲防止受害的工具〉Huey, L., & Berndt, E. (2008). 'You' ve Gotta Learn How to Play the Game': Homeless Women' s Use of Gender Performance as a Tool for Preventing Victimization. The Sociological Review, 56(2), 177—194.

註 2：Homeless Family。

生於街上的阿古瓦妮

滿不在乎

到錫克廟敬拜的人潮絡繹不絕，不論男女都被要求戴上頭巾遮蓋頭髮以示對神的尊敬，或有一說是要保護人體能量使其不從頭頂溜走。幾乎各宗教都有布施的觀念，但錫克教的特別之處在於有稱作「朗格」的免費廚房（註1），每日系統化的提供免費餐食。在這裡，不分宗教種姓膚色年紀性別階級，人人都能成為座上賓來享受食物，錫克教徒亦在這廟裡不分身分高低貴賤，自願當志工為人服務。他們在準備和分送食物等的服務歷程中學習平等愛人，藉此實踐人類能成為一個彼此團結、互相包容分享的社群之理想。廟裡還設有宿舍，讓遠道而來的參拜者得以在此休養生息。這樣的宗教聖地保障了飲水和食物來源，亦有較高的包容力，因此廟外住了許多街友女性。

平日的傍晚八點，錫克廟的人潮較為稀疏。時值八月，熱與濕的交混令人心煩。雖然朝拜的香客不若假日來得多，與錫克廟後門相連的出口，各種小販仍是攤攤相連，各自把攤位擺得琳瑯滿目，占去了人行道的大半。神像、佛珠、首飾、圍巾、服飾、背包，甚至是五金雜物等各類物件，都搶著攫取占據行人的目光，小販們亦不停從旁吆喝，誘人轉頭駐足。在附近穿梭的嘟嘟車，也不遑多讓的大鳴喇叭，有時更直接停在路人身旁搭訕以招攬客人上車。各種視聽刺激都在爭奪人們有限的注意力：先得到你的注意力，再來是你的心，最終是你口袋裡的錢。

經過小販後再往外圍走一點，一樣沿著圍牆用竹竿和塑膠布搭起的棚子，是小吃攤和茶攤。大概因吃飯喝茶是一貫的公定價，沒什麼哄抬價格趁機猛撈一筆的空間，這裡稍微安靜些也暗了點，只靠幾個小燈泡的昏黃光線照明。而當眼耳可稍作喘息時，我這才發覺鼻腔裡也充斥各種味道。食物味、奶茶味雖是主角，但薰香、男人的古龍水、汽機車的油煙，甚至是雨季那種雲層聚集，空氣中似能輕易擰出水的霉味，都嚴正的抗議它們不甘成為配角。

我們在一個小茶攤前停了下來，領頭的德凡許認出一些人，也被一些人認了出來。幾個年輕女生湧上，七嘴八舌地爭相向他傾訴，表情中透露出渴望，聲音裡則有種迫切。他們說著印地語，我聽不懂，因此更加專注地觀察他們表達中的非語言線索。雖然起初內心企盼德凡許能更頻繁地利用談話空檔，用英文向我解釋眼前情況，但觀察到她們充滿情緒的傾吐，便很快明白這斷裂是種必然，於是放下心來，反倒趁他們熱烈討論時環顧四周。

把自己當成一個器皿去承載，盡可能把一切收進眼底，理解到我對此處並非完全陌生，多年前組織志工隊來探勘時，德凡許就曾帶我們來此體驗印度獨特的宗教文化，如今將眼前情景與回憶交疊，才領略到過去眼光的偏狹。過濾掉其他不由分說便搶著撩起各種感官的刺激，首次定睛於住在廟外街道上的無家者，看見許多人鋪著毯子坐在人行道上，其後是他們用塑膠布蓋著的成堆家當。

和德凡許談話最久是的安瑪（二十七歲）和愛拉曼（二十九歲）。安瑪有著英挺的外貌，穿著全套淺粉色的紗瓦爾卡米茲（註2），一頭烏黑的秀髮都一絡不漏地裹在頭巾底下；愛拉曼則是一身鮮紅色的紗瓦爾卡米茲，還戴著金色的耳環、戒指，眼睛炯炯有神。談到一半，愛拉曼提議要為我們張羅奶茶，解釋在茶攤工作的是她丈夫，男人聞言，稍稍抬頭和我們交換眼神示意，但眼裡嘴角都未有笑意，便又低頭回去看顧熱鍋上的奶茶。

若德凡許不在，只是自己一人走在街上和他們打照面的話，我不可能把她們和街友做任何形式的聯想，只因她們太美、太年輕。但其實，她們可說是徹頭徹尾的街友，在街上出生長大，德凡許二十年前便在這裡認識還是孩子的她們。儘管因工作身分不同，他近幾年很少再回到街頭訪視，但那些街上的掙扎故事，對他而言都還歷歷在目，並沒有多大改變。安瑪和愛拉曼都說自己已結婚，安瑪還有了幾個孩子，但她們仍未能脫離街頭生活。不穩定已然成為生命的常態，她們只能精準地看見縫隙，抓住稍縱即逝的機會掙錢，想盡辦法活下去。

她們說了很多，內容多半是訴苦，抱怨大多關於警察或其他幫派團體的勒索和騷擾。她們認得德凡許是有能力幫助她們的人，現下便像在茫茫大海中漂浮時又重新找到根浮木般，把所有的委屈不滿一時半刻全都倒了出來。德凡許只靜靜聽著，適時擇重點翻譯，我也靜靜聽著，只能聽著。心裡頭像有顆小石頭被丟到偌大的水池中，激起了對不公的憤怒漣漪。那漣漪，雖越往外擴散越趨平息，但那激起漣漪的能量，即使肉眼見不著，卻從未消滅，反倒隨著石頭一起筆直地垂入心底深處，刺痛了我。我亦像故障短路的手機般，只能接收訊號，不能發話。面對她們種種的苦，我們無法給出任何承諾，鬱積的懊喪慢慢升起，德凡許只好轉換話題問起阿古瓦妮的近況。無人接話，最後是安瑪往茶攤斜對面的人行道指了指，示意她在那裡。

喝完茶，我們便走向那被街友毯子鋪滿的人行道。這裡更加幽暗不明，頭上那盞路燈不亮，像是人們遺忘了這裡一般。我就著微弱光線仔細端詳阿古瓦妮（二十八歲）極為細緻秀麗的五官，雖然臉上積滿污穢，不知多久沒洗，仍不減她的漂亮。但除此之外，她的形象幾乎沒任何意外地切合人們對街友的刻板印象：頭髮糾結蓬亂成一坨，不知要費多少力氣才梳得開；原本該亮麗動人的鮮黃色紗瓦爾卡米茲，被煙塵污漬遮蔽，現已成灰濛濛一片。她似乎也不甚在意，意興闌珊地坐在已顯破爛的草蓆墊上，眼睛望著不知名的某處，靈魂似已飛往遠方，徒留具帶不走的空殼在原地。

她也認出德凡許了，眼神中忽而閃現一絲喜悅的光芒，但很快就消逝。和其他人相比，她似乎少了點生命力。德凡許問她最近好嗎，她牛頭不對馬嘴的回應妹妹生病看醫生去了後便逕自沉默，再沒任何釋出善意的舉動，轉開視線，顯示再無與我們閒聊的興致，靜靜地下了逐客令。於是，關於阿古瓦妮的謎團，我只能從德凡許或許已然頹圮或變形的記憶去拼湊，形成暫時的觀看基礎。

德凡許說阿古瓦妮與安瑪、愛拉曼三人的成長背景相似，是一起在街上長大的青梅竹馬。但童年遭性侵的創傷經驗，形塑她與人疏離的性格。

步入青春期，她愛上一個同為街友、大他兩歲的男孩，這男孩在阿古瓦妮夢想有人能帶她脫離這種時時擔憂的狀態時，便以他的強壯和力量博得了阿古瓦妮的歡心。

他充滿魄力的在眾人面前宣誓他對她的主權，不準別人動她一根寒毛，而她，亦陶醉於他那保護主義式的愛。還沒滿二十歲，她就生了他的孩子。在街上，這一切就像女性初潮不論早晚終將會來那般的天經地義。

她有過喜悅，但好運似乎從來就沒有要站在阿古瓦妮這一邊，當她好不容易有了歸屬感，命運又將他們拆散。

街上的生活沒有保障，面對危險，除了保持距離以策安全外，面對刻意甚至惡意的挑釁，最立即有效的嚇阻方式只有以暴制暴，硬著頭皮猛幹。說到底，街友們沒有本錢成為弱者，一旦示弱，只會引來更多掠奪者。附近貧民窟的混混雖和他們同處社會底層，卻往往在其他地方受氣後來這裡找發洩機會，藉著找他們更看不起的人麻煩，來證明自己還不算太窩囊。

一次，有個男人騷擾阿古瓦妮，她的反抗激起了男人更強的報復欲，揚言要她好看，她丈夫知道後氣不過，去尋仇時誤殺了人，一失足便落入入監服刑的命運。

「一定是有辦法的吧！」阿古瓦妮曾這麼想。她想起以街友為服務對象的組織，曾為街友向政府陳情抗議，德凡許也是其中的主要成員之一。「應該有人可以幫她吧！」她曾懷抱希望。

然而，在她最需要協助時，這些組織反倒與她保持距離。這是場沒有勝算的仗，沒人能讓奇蹟發生。當人生的支柱瞬間被抽走，她開始覺得身邊的人都是偽善，別人眼中的對錯，又有什麼意義呢？

看到德凡許，瞬間湧上的暖意和他最初曾帶來的善意有關，但對童年往昔的感謝之情早已消失殆盡，取而代之的是被背叛的強烈感覺。她記得別人對她的請求敷衍了事，她記得這些自以為要幫助她的人，自認比她知道什麼對她更重要。

這是街上，她沒辦法關門送客，但她可以選擇關上心門，把憤怒、悲傷、怨恨、脆弱等種種情緒都鎖在最深的堡壘。夜色已深，附近的喧囂仍未散去，我們繼續往前和其他街友閒聊，了解此區的無家者概況。我卻抹不掉阿古瓦妮留在心中的烙印，那空洞眼神的背後有著太多隱忍與傷痛。她不說話，不是無話可說，而是清楚明白話說出口也不會有人接住，而那揭開的瘡疤，總在人們離去後還隱隱作痛。

註1：Langar。在旁遮普語中是廚房之意，在此指的是錫克教廟宇中免費供餐的社區廚房。
註2：Salwar Kameez。印度婦女的傳統服飾，通常爲長褲、長罷上衣和披肩三件一套的形式。

考驗

陸續去了幾次錫克廟附近街友聚集的區域，談話也常在阿古瓦妮視線能及的地方展開，每次都一定會去跟她打招呼，想讓她習慣我的存在。後來幾次常看她在病痛中煎熬，幾乎只能半躺半坐，很少看到她起身，她的臉看來疲憊而虛弱。

有一次，訪談甚至剛好就在她旁邊進行，有位老人口若懸河地交代起自己生平，雖然依舊是街頭上讓人難以跟隨的跳躍式邏輯，我乖順地隨著他的話提問，並殷勤做著筆記。相隔的距離不遠，相信阿古瓦妮能聽到我們談話，但她沒有加入，只是兀自坐在一旁，看不出是沉浸在自己的思緒中，或是冷眼旁觀著我帶進這場域的一切。雖免不了有些在意，卻也漸漸習慣了這種相處模式。畢竟，在這吃人的街頭叢林，信任關係特別難以建立。

幾天後我再度來訪，卻看見她八歲大的女兒迪薩妮，正站在街邊嚎啕大哭，全身上下只穿著一件小內褲。大家圍著身體猛烈抽動的小女孩，卻未見任何人有所行動，我企圖從阿古瓦妮臉上找些蛛絲馬跡，但她仍像事不關己般，將視線投往遠方。我靠近，正準備向空中拋出疑問時，從未主動與我寒暄的她竟率先打破沉默說：「如果你真想幫忙，就去幫我女兒買件衣服吧！她剛去錫克廟裡洗澡，但被管理人員趕了出來，衣服也被拿走，已經沒衣服可穿了。」她雖這麼說著，眼神卻也不跟我對上，不願露出任何期待，不願展現分毫的脆弱。

我想也許在心底，我一直期待有個契機能讓她感受到善意與溫暖。阿古瓦妮的冷漠令我揪心，那對人性失去信心的表情，是傷痛之深的表徵。施與受，根本沒有我想的那麼容易。當一個人下定決心不要收受，不要進入可能投入更多期待的關係，連嘗試叩門都擔憂會是種變相的打擾。

從來，阿古瓦妮都沒向我要求過任何事，沒有要錢、沒有索求食物、沒在我面前演弱者、沒試圖想引起我的同情心，或者說，她從沒有要跟我相處、變熟、交心的打算。不知她是否曾和其他人談起我，也不知自己這些日子在她心裡留下什麼印象，唯能看出的是，就連為女兒要衣服，她的表達都充滿了層層的自我保護。或許，暗地裡她在說的是，我不期望你會給，但若你這麼執意想證明什麼的話，就證明自己不是偽善者吧！

也因此，當這契機好不容易來臨時，我心中雖然欣喜若狂，卻有更多誠惶誠恐的慌張，感到這項考驗的嚴峻，就怕會再次讓她失望。

於是即使言語上未貿然給出答覆，心裡已期許自己能接住她以刺蝟外表偽裝的微小請求。說也奇怪，錫克廟旁的小販賣的東西形形色色，真要找什麼時，才發現那裡賣的玩意兒全都不切實際，連件普通的T恤都沒有。問了些人才打聽到二十分鐘腳程外有廉價的批發市場，快步趕去那裡買了兩件長袖童裝T恤回來。

那段路程並不平靜，去的路上擔心買不到，好不容易買到後，回程又擔憂起可能延伸的問題，怕她對我產生期待或依賴，導致所為變成另一種傷害。

那時，雖然身子腦袋每天都像陀螺般不停忙得團團轉，腦子裡卻像漿糊般一片稠稠糊糊的，迷失在各個無家者、不同場域、各種人生背景與利害關係等相互衝突矛盾的故事中，沒有適當的篩具以過濾分別有效與無效的資訊，我只得讓它們全都進來，在心中開啟諸多資料夾，試圖將資訊收納至心中各角落。此外還得小心維持關係的平衡，當有人對我索求更多，想把我拉進他們的故事中，甚至意圖改變我與他人的關係時，我便得停下腳步努力留在中立區，小心不跨越自己設下的界線，就怕選擇了相信誰或對誰更好，會像是辜負其他人一樣。

甩不掉這類擔憂，於是回到她們身邊時，我什麼也沒說，就把衣服交給阿古瓦妮，她也未言謝，只是把情緒已冷靜下來，獨自坐在旁邊的女兒叫來，幫她穿上新衣。孩子對嶄新乾淨衣服的興奮之情攀上臉頰，笑得合不攏嘴，換上新衣後更開心地手舞足蹈，四處邀人來看，一小時前的羞辱挫敗早就不知飛往何方。

內心經過百轉千迴的折騰後我也累了，想著或許該早點回去休息，免得徒增尷尬，阿古瓦妮卻一反常態，突然開口問我要不要喝茶，甚至勉強撐起身子坐好，拜託旁人去幫她買兩杯奶茶。我喜出望外，當然不捨推辭她的好意，便在她毯子外蹲下。她見狀，又立刻挪了挪身子騰出空位，示意我坐到毯子裡。就這樣，她悄然打開那扇隱形大門，邀請我進入她的世界。

等待奶茶送來時，四周仍喧囂塵上，我沒急著和她攀談，只是和她一起沉默望向前方行色匆忙的行人和車輛，感受她對生命的無言。奶茶來了，我抿了抿，讓香料味濃厚的甜味將心肝脾胃暖過一輪後，重新自我介紹，再次和她說明我的背景與來意，包括研究主題內容，表明自己想知道他們為什麼、又是如何來到街上生活，在街上如何維生，遇到什麼困難等等。阿古瓦妮根本沒耐心聽完就打斷我說：「昨天那老男人跟你們說的都是一派胡言，他根本就沒好好照顧過孩子，他的孩子也住在這條街上，但他們不想與他有任何瓜葛。那個人很有問題，沒幹過什麼好事。」

她那看似天外飛來一筆的回應，卻彷彿有如神啟，我突然意識到那些設計好的訪綱其實並不重要，重要的是她其實一直參與在其中，重要的是她願意將自己從封閉的內心解放出來，清醒地與我分享這段時間本身。

然而，就連這樣的對話也極不容易。那些我曾以為再簡單不過，沒有任何難度的基本個人資訊問題，其實都蘊含了價值判斷，又或者說，其實都需要某些認知上的統合和情緒上的自我接納。

「你叫什麼名字？」

「阿古瓦妮。」

「姓氏呢？」

「不記得了。」

「你怎麼來到街上的？」

「我在街上出生。」

「父母呢？」

「他們過世了。」

「你還有其他親人嗎？」

「我妹、還有兩個女兒。」阿古瓦妮有個年紀比他小的妹妹，還未滿二十歲，自稱曾結婚但已離婚，目前單身。

「你們靠什麼維持生活？」

「我老公每天去上班，晚上回來他會把錢給我。」阿古瓦妮未避諱提到老公因殺人而坐牢的往事，也談到自己一個女人要照顧家庭很困難。只是，當她說起自己總算還是撐過來時，訊息從這裡開始與德凡許所言有所分歧。

德凡許說阿古瓦妮的丈夫還在坐牢，但阿古瓦妮卻堅稱她的丈夫已經出獄了，靠拉三輪車和打零工賺錢，沒法天天回家，即使回來也多是晚上。在阿古瓦妮的版本裡，丈夫的收入是她的經濟來源，然而，德凡許卻認定阿古瓦妮是性工作者，他陳述自己的推論：「阿古瓦妮的身體狀況沒辦法支撐她去工作，所以她只能出賣身體。如果你在街上待得夠晚，就能看到不同男人在這裡來來去去，那時我的推測就能不證自明。但你身為女生的身分太明顯了，在街上留到這麼晚只會引起危險。」德凡許似乎對自己的判斷信心滿滿，但與阿古瓦妮相對的此刻，我卻開始覺得故事孰真孰假其實並無多大意義。

對一般女性來說，夜晚待在街上即代表危險，那對無家者女性呢？如果沒有可以避開的選擇，她們又是如何應對？若德凡許所言屬實，我更在意的是對我並無所求的阿古瓦妮為何必須要說謊。是否當必須表露自己之際，她仍想從別人眼中的倒影，看到一個更好的自己？很想知道她是否已跨越了自我接納的那一關。而若德凡許所言非實，他斗膽的推論豈不證明了一般大眾在無家者女性身上貼滿的標籤？不論那標籤是性侵倖存者、妓女或寡婦等等，誰又何曾掀開斗大的標籤去閱讀背後的故事，去理解他們如何面對過去的創傷、此刻的無奈，甚至是無望的未來？那些標籤，若不能幫助我們更深刻的同理，激勵我們做出更多積極的行動，意義又何在？

阿古瓦妮不願對自己的原生家庭多加著墨，對於她，時間的流逝也彷彿沒有太多意義。天黑天亮，熱季雨季冬季，只能儘量適應環境而居。她有肝病，病痛折磨著她，讓她無法時時保持清醒的狀態，痛的不行時就去醫院拿個止痛藥，還可以時就繼續勉強賴在街上。我問：「平常你喜歡做什麼呢？」

「多數時候我什麼都沒想。你知道，我沒有家、也沒有電視，我常常躺著，就這樣看著天上流動的浮雲，那對我來說是世上最有趣的畫面。當然我也常做白日夢，夢想自己有個家，有僕人幫我做事，而我的孩子能夠得到妥善的照顧。」

她說話時大多只看著我的膝蓋，而不是我的雙眼。這樣也好，我才能仔細的注視她而不用擔心她怎麼看我，不用讓她注意到我可能不小心從眼神流露出的複雜情感，因為好不容易跨過考驗的我，赫然發現自己不過也只是株浮萍，我們萍水相逢，在德里同樣無根，我無法協助她獲得安定，只能偶爾漂來，聽她與我分享那遙不可及的白日夢。

結婚四次的佩提

三不猴

時約晚上八點，我們來到「尼札穆丁」，嘟嘟車在警局門口停下。這區的名字取自尼札穆丁・歐麗雅（註1）——一位十三世紀的伊斯蘭教蘇菲派聖徒，每日至他陵墓朝聖祭拜的信徒絡繹不絕，常有遊覽車停靠在此處。

在會面點快速打完招呼後，佩提便帶我們穿越馬路，走上分開往來兩側車道的分隔島，那分隔島寬不過七、八公尺，長度則隨著道路一路筆直延伸下去，裡頭是沒鋪過水泥的黃土地，邊緣有枝葉繁盛高矮不一的路樹，雜草則有一處沒一處的生，枯枝殘幹隨處倒，遍地布滿各種食物包裝的塑膠垃圾，寄居於此的街友家當不若錫克廟外那般排放整齊，這裡一群那裡一落不成章法地兀自佇立，人們隨意站著蹲著，或者坐躺在破爛的毯子或塑膠布上。一時間數不清人數，只知道沿著分隔島一路延伸下去，都有如此這般生活在中間地帶的人。

佩提找到一個避開人群的角落，招呼我們坐下。遠處寥寥無幾的路燈瓦數不高，閃爍著微弱的光芒，我們坐的位置是光線照不到的暗處，頂上無光源，只有兩旁車道不斷駛過車輛的車燈明明滅滅，成為對比此處黑暗的背景，倒是車子呼嘯而過的引擎咻咻聲響不斷傳入耳朵，想不聽都不行。

這裡夠安全隱密：沒有光，不易引人注意，即使瞥見影子，也看不清；車聲吵，說話內容自然被掩蓋稀釋，就連我們都得豎起耳朵專心聽。這有益於掩護我們的到訪，但一體兩面的是，那種詭譎的危險氣氛不言自明。這附近充滿許多安全死角，即使警局就在不遠處，犯罪仍時有所聞。佩提先四處張望，確定沒有別人跟上或窺探後，才放下戒心說話。

事實上，我們坐的地方根本太暗，以至於整場談話，我幾乎看不清佩提的長相或表情，對她外表的印象，只建立在走到分隔島前的那幾分鐘。她身材瘦小而精實，腳步輕快，或許還帶點難以緩和下來的躁動。膚色黝黑，一身鮮紅色鑲綠邊的紗瓦爾卡米茲，把蓋在頭上的頭紗一角撩起，用以遮住下半臉並塞在右耳後，露出的只剩下額頭和晶亮的雙眼。最令人難忘的是她低沉沙啞卻鏗鏘有力的嗓音，說話時少有猶豫，身體姿態的表達裡沒有懼怕或退縮。

隨著語言流瀉出來的故事，伴著四周來往車輛的燈光流轉，一個恍神，我有種脫離現實的感覺，那些情節場景似乎屬於另一個世界——像小說或電影片段——應該是書裡或屏幕上的刻畫，但此刻的我竟坐在裡頭。意識的某個部分仍在局內，準備扮演好聆聽者的角色，另一部分卻飛到了局外，靈魂如抽離般地從上方俯看一切，細細感受城市這區夜間沉重的呼吸與脈動。

談起街頭生態，佩提振振有詞，說起街頭並不屬於無家者：「街上其實有三種人，一是老弱病且長居於此的，二是做不法勾當的人，三是訪客或買家。」後兩者不見得睡在街上，但街頭的幽暗地帶是各方覬覦的場所，因為不法交易需有易於躲藏的地方，對面占地廣闊的公園加上此區的昏暗使其成為犯罪的溫床。而在這些勾當裡，獲利的實際上多是有能力離開街頭的人們，至於真正的無家者，反倒成為替其承擔過錯與污名的代罪羔羊。

談到自己的生活，佩提說食物不是問題，關於維生，她不是坐以待斃的個性，也曾嘗試過許多門路，但面對各種競爭和阻撓，穩定仍是遠在天邊的奢侈。她開過小攤車賣香菸雜貨，卻遇到客戶賒帳，還被競爭對手檢舉，害她被警察取締，不久就關門大吉。她也曾幫路邊臨停的人顧車，藉此賺點小費，但還是有人吃味告發，甚至威脅她不能繼續做。她說問題在於自己沒錢賄賂警察，就算搶先嗅到商機，想抓緊機會做生意，一旦別人看見有賺頭，她不久就會被下禁令，好處統統都被別人給賺走了。語畢，她努努嘴，轉身指向街邊一個雜貨攤說：「你看他為什麼可以在那邊賣？因為他們都和警察有私通！」

她也當過家庭幫傭，在別人家裡幫忙打掃衛生，但本該是四千盧比的月薪，她卻只拿到一半，無法忍受仲介抽收不合理的高佣金，所以那工作最後也不了了之。目前較固定的工作是回收寶特瓶和紙類，但她哀嘆人人都靠著壓榨貧苦人獲利。「以前一個啤酒瓶可以賣四盧比，現在只值兩盧比，裝滿一大袋只賺一百至一百五盧比。苦啊！」真的不行時她也會去乞討，捱著日子過一天算一天，她是能屈能伸的個性。

然而，當探問其他無家者女性的情況時，佩提竟只說：「街上的女人都是壞女人。」細究其話裡含意，發現這籠統的形容詞是對性工作的負面指涉，一開始以為這是她心中的道德評價，但她又自己娓娓道來「壞女人」當中的細微差異：有自願賺錢的、有不想做但因貧窮所迫，除此外別無他法的、還有被親人所迫的差別。

然而這話豈非一竿子打翻一船人，更令我納悶但沒問出口的是，那她，也是自己所指稱的壞女人嗎？還是她覺得自己與她們有所不同？

「那在這裡生活最大的困難是什麼？」

「暴力和安全問題，人們總是嫉妒彼此，見不得別人好。如果有個男人對一個女生好，他們就說她是他的情婦，不然為何只對她好？」

「你曾被暴力威脅嗎？」

「我全身上下都有傷痕。」

「誰打你？」

「每個人。面對這裡的不公不義，你必須像甘地的三隻猴子一樣：不看、不聽、不說，才有可能保持安然無恙。」

「你會還手嗎？」

「要保護自己就得還手。」

「這種情況有可能改變嗎？」

「有，政府必須杜絕這一切。」但當再問佩提希望政府怎麼做時，她卻給不出任何具體建議了。我們只能任由車子的喇叭聲填滿空白，希望藉此消解一些彼此的無奈。

佩提生於加爾各答，童年時期與父母一起移居德里，她是長女，後面還有一弟一妹。父親是人力車伕，母親是家庭幫傭，她未曾上學，母親在她月經初來潮後就將她嫁出，據說家中還因此賺了一筆錢。「當女人有了月經，她就只和她的夫家有關。」佩提說。她認為自己的人生都因這樁錯誤的婚事而毀。「我媽把我嫁給一個清潔工，他徒手撿垃圾，生活不衛生，每天都渾身臭味，我受不了他接近我……。」她因此來到街上。

談起人生經歷，佩提沒有過於戲劇化的表現，只是淡淡的平鋪直敘，說自己沒什麼好隱瞞的。結過四次婚，生過八個孩子，其中四個夭折，另外四個孩子是三女一男，兩個長女各自與男人私奔，十六歲的兒子現在在餐廳做廚師學徒，十二歲的小女兒則受社福機構贊助在寄宿學校念書。目前和她一起住在街上的查奇爾小她八歲，是她的第四任丈夫，但四個孩子都不是查奇爾的。她一股腦兒說出這些現況時不帶任何停頓，也不大有情緒起伏。

在佩提的故事裡，前夫都是不長進的酒鬼，她說自己受第二任丈夫家暴，還被他賣到妓院，更說出自己曾多次嘗試自殺。「我不會說謊，不會避諱說自己結過很多次婚，但我的人生全都因他們而毀了，我現在體悟到不該跟任何男人做朋友，更不該談戀愛，他們總是只貪圖你的什麼。」但四段婚姻中，除了母親安排的第一樁婚事有穆斯林毛拉幫忙證婚外，其他的全無儀式典禮，毋寧說只是種同居關係。我不禁想問，若她真這麼討厭男人，為何又要和現任「丈夫」在一起？

「所以結婚或單身哪個比較好？」

「當然是單身，才不會有人可以無緣無故就欺負你。」

「但你還是選擇跟查奇爾在一起？」

「孩子辦婚禮時需要有爸爸在場，而且如果我死了，孩子還有個人可以依靠。」

「那你喜歡查奇爾嗎？」

「不喜歡，他跟別人沒什麼兩樣，現在也不去工作。」

「那為什麼還和他在一起？」

「和他在一起比較安全，至少其他男人不敢靠近，或對我說那些猥褻騷擾的話。」

繞來繞去，佩提走不出自我矛盾的迷宮，不論是在婚姻或同居關係中，身為女性的她都是弱勢的，只是如果單身，在街上又得面臨更多威脅。這種結構與文化，本身就是種暴力與壓迫。她只好一面抱怨查奇爾不工作，一面仍選擇將自己附屬在他之下，「婚姻」成為協商生存空間的一種生存策略。

或許正因街頭的自由，讓佩提能在傳統兩性價值仍緊箍的印度社會，看似瀟灑的「離婚」和「再婚」，甚至是向人講述，不再只是默默甘願承受的悲情人物，充分展現自主反抗的動能。但依舊悲哀的是，無法超脫於「婚姻」制度之外，斬不斷與「丈夫」的連結，她仍不得擁有自己獨立的命運。

問到政府曾幫過她什麼，佩提想了一陣才好似突然憶起的說：「嗯，我去醫院結紮時，他們給了我兩百盧比。」她說因為政府的推廣，讓她知道有這項補助。「孩子們慢慢長大後，我怕他們看到我再懷孕會起疑心，便決定去動手術。」

「你覺得這對你有幫助嗎？」

「現在我已經學到教訓了，沒有人會心甘情願的養你，卻有很多人要靠你來養。人們來你這邊待幾個小時，當得到他們想要的，他們馬上拍拍屁股走人，這有任何意義嗎？如果你要開始，就該負起責任；但當你要他們負責，他們就咒罵你太會算計。

最好不要再蹚這種渾水，我不想再被任何人侮辱。」女性在身體上的弱勢，加上對感情的期待與失落，佩提不用說破，我便能想像背後可能有多大的痛苦。

「要是早點有人教我就好了……我常想起我死去的兒女們，希望老天能寬恕我。」佩提說著說著，恍若陷入自己的回憶裡。

「以前我餵他們吃外面的食物，他們被不知名的蚊蟲叮咬又生病，我不知道怎麼給他們好的照顧，他們甚至都不是在醫院裡出生的。別人都說，是我殺了他們……。願他們在天上獲得安息。」

雖然自責懊悔過去沒扮演好母親角色，但佩提最欣慰的仍是兩個未成年的孩子，如今正上進學習。相較起談論丈夫，談論孩子時她投注更多對未來的盼望。

「如果可以有三個願望，你想許什麼願？」

「我希望想給孩子一個安穩的家，也想過好生活——我要過能養得起孩子的舒適人生。」

如果說丈夫是為了活下去的策略，孩子就是支持她活下去的動力來源。

「你把四個孩子帶大了，應該要為此而驕傲。」

「不要談我的兩個女兒，我和她們沒有任何瓜葛了。」佩提突然間有如芒刺在身。

「為什麼？」

「她們沒有經過我的允許就結婚，那我為什麼還要和她們扯上關係？」

我察覺到，佩提近乎無意識地想在女兒身上複製自己的不幸。

「這樣不好嗎？你不正是因父母安排的婚姻而感到不快樂嗎？如果女兒是嫁給自己喜歡的人，你難道不為她們開心嗎？」

沉默襲來，佩提避開我的眼神，撿起地上的小樹枝隨意撥弄著黃土。

濃厚的無奈感再次降臨，猜想佩提若曾有過歸屬感，至多也只是童年那短暫的十多年吧！爾後，她像商品一般被轉移，而當她不甘成為商品，意圖逃離時卻沒有任何資源支持她獨立。在街上，能讓她減輕或轉移那痛苦的方法，或許是墜入愛情、投入另一段關係，但她從未稱那些為愛，難道真只是為維護人身安全和給孩子完整家庭而做的妥協？不管如何，掙扎未有完結，痛苦似仍無盡，盡頭或許有光，但在此之前只能繼續堅持著生活。

我試著在心中刻畫她女兒的形象，彷彿看見她們血液裡早已灌注了母親的勇敢，才敢在看不到未來的情況下，將生命當作賭注般的奮力一搏、遠走高飛，嘗試追求更好的生活。但同理對佩提來說無疑是困難的，生活在男性比女性有權，長者比幼者有勢的父權體制社會裡，血緣讓兒女成為無依無靠的佩提唯一的所有物，她還無法原諒女兒的背叛。

安靜許久後，佩提終於緩緩開口：「我不是生氣她們因為自由戀愛結婚，但她們走了，有了自己的家之後，沒人回來問過我好不好。既然如此，我為什麼要關心她們？」這表達中暗含的期待與失落或許只說明了一件事：儘管失聯已久，佩提總還是寧願相信，女兒們過得比自己更好。

註：Nizamuddin Auliya，1238—1325。是印度最著名的蘇菲行者之一。

真名的意義

「蟋蟀姊妳說妳把本名丟掉了對嗎？」
「嗯，是說過。」
「爲什麼要把本名丟掉呢？」
蟋蟀拿出茶包丟在煙灰缸，把茶杯放在瑪麗前面。
「那是因爲，如果用本名的話會有危險啊。因爲有種種原因。老實告訴妳，就是在逃避啦。避開某方面。」

——村上春樹《黑夜之後》

一個天氣晴朗的週日下午，我決定再訪尼札穆丁，沒有特地和佩提相約，只是想趁著陽光普照的時刻，重新認識心中那塊黑暗禁地。坐在嘟嘟車上，眼光一路搜尋著分隔島，心裡默默期待能遇見佩提。果不其然，她依然在那裡，坐在分隔島的一張破塑膠墊上，正和另一個女人聊天。我下車穿越馬路時她也認出我，咧開嘴興奮地向我招手，就像看到老朋友來訪一般。

當陽光灑落，黑暗中那種時時懸著的神經質氛圍也忽然一哄而散，當事物能以雙眼辨明之姿出現，那些曾在她敘述裡透露出陰森詭譎氣氛的貧民窟及墓地，或是街頭性交易氾濫的公園，都顯得慵懶而溫和。晝夜兩造的差異令我驚奇，但這或許正是他們生活的寫照。那一天，當將訪談目的擺在一旁，我們的對話有時還包含著輕鬆的笑語，佩提簡單介紹坐在不遠處的查奇爾、他弟弟與朋友們給我認識，我們彼此點頭示意，有那麼一刻，我只感到一片和樂，痛苦和折磨似乎在很遠的地方。

佩提帶我穿越另一側的馬路走進落葉遍地、雜草叢生的亂葬崗，最後進到一整區以藍色防水布搭建而成的貧民窟，沒看見什麼凶神惡煞，倒是臭氣不知是否因建築過於密集或缺乏排水系統而迎面襲來。許多年幼的孩子好奇地睜大眼睛觀察我們，甚至淘氣地跟在身後巡訪，幾個女人各自忙著家事，一位正在自家門前曬起衣服。這裡的環境和分隔島相比，看來也沒好上許多，不過是多了些遮蔽與隱私。沒有門，還是能輕易被窺看，聽說下雨時漏水也漏得兇。想起佩提曾咬牙說：「在這裡晃蕩的很多人都不是街友，卻裝成街友來這裡討食。」或許暗指這裡的居民也不一定？同樣生活在底層之人，為了生存所需的資源，迫於無奈成了競爭對手，也許心裡必須先無意識地將對方醜化，才能更旁若無人的為自己爭取吧。

走到流鶯頻繁出沒的公園，脫去了入夜後的漆黑，在午後陽光的襯托下，只有些許植物裝點的空曠草地，嗅不出一絲危險氣味，倒是看見公園裡頭，有個身兼公廁與公共浴室的設施，門口的牌子上寫著「如廁二盧比；洗澡十盧比」，尚未走近便聞到香皂與洗潔劑的香味從裡頭飄來，又聽到刷洗衣服的規律聲響，感覺裡頭挺熱鬧的。許多女人蹲在靠近入口的地板上洗衣服，排水系統不好，混著肥皂泡的污水流經鞋底，從公廁入口流到外面的低窪處。佩提嫌十盧比太貴，抱怨這邊雖出借水桶給人洗衣洗澡用，卻不免費提供肥皂。

「這裡是附近唯一的公廁，但晚上這邊太暗很危險，所以女人們都成群結伴在白天過來。」

「那如果晚上想上廁所時怎麼辦？」

「黃昏前一定要來上一次，晚上通常不上。如果真的忍不住，只能在附近就地解決。」

鄉下地區女孩因缺乏廁所設備而到野外如廁，並因此遇暴的新聞仍時有所聞，但我不知道都市角落也存在著相似問題。在這裡，對女性安全友善的環境遠非理所當然的存在，女人們必須為自己和彼此導航，才能找到保護自我的最佳生存方式。

揭開神祕地帶的面紗後，我們又一起散步了好一陣子，來到附近著名的古蹟胡馬雍陵墓（註1）。離開車陣和人潮，蔥鬱的樹木變多，鳥類的鳴唱逐漸清晰可聞時，周遭的氣氛也隨著場所的變換沉靜下來。接近入口處，擺放著修復古蹟紀錄的展示牌，佩提邊走邊看，不時駐足發出「好美」的讚嘆聲。這座花園陵寢建於蒙兀兒帝國統治的十六世紀，褪色的紅磚仍保有古典的美感。我們最後決定不進去，避開觀光客，買了涼飲，隨意在古蹟外一處較僻靜、有大樹遮蔭的草地上坐下以躲避夏日陽光的炙烤。被佩提的輕鬆愉快給感染，我也允許自己放鬆下來靜靜感受，最後還是她自己先開口說：「若還想知道什麼就儘管問吧！」

之前見面只知道她叫佩提，因為想進一步知道她的種姓和背景，於是又再問了她一次名字。但這次，不像上次立刻回答，她只拿出一張看來不太正式的身分證件，放到我面前。

「莎思提，真名。」佩提說。

名片一般大小的證件摸起來很薄，看起來像是用一般白紙黑白列印後，再用塑膠膜護貝起來製成的。上面的資訊有她的頭像、姓名、年齡，依序寫著：「投票證，姓名：莎思提・碧根・可汗，年紀：三十六歲，製作日期：二〇一三年。」許多問題即刻浮上腦袋，一時之間反而不知該從何問起。

「那你為什麼說你叫『佩提』？」

「世界上的其他人叫我佩提，我就用了這個名字。」

這回答說了等於沒說，只好隨她換句話說：「那為什麼其他人會叫你佩提？」

「當你不斷從一個地方遷移到另一個地方時，你的名字就會跟著改變，你必須了解這一點。這個名字不好，就換一個，不管怎樣總有人會保有你的『另一個』名字。」她想了一下繼續補充：「沒什麼特別的原因，人們因身處在不同地方而改名。新地方的人們可能不喜歡我原本的名字，就依著自己方便幫我改名了。」

一直視名字為個人生命的重要座標，名字在出生之時即被賦予，它的特殊性在反覆稱誦間一點一滴被累積起來。形體隨著年紀變化，形象可以被操弄，但我以為名字指涉某種恆常穩定的不變性。在國家架構下，各種身分份證件要求公民將名字統一，符合社會對身分認定有固定的模式，將個人的各種面向都凝集在一個名字的主體之下，但這架構在佩提的世界並不適用。仔細探究佩提說話的方式，她總把改名這件事說成一種被動態——不是她自願改的，而是某場所或那場所的人們施加於她身上的。

「母親帶我和弟弟妹妹從加爾各答搬來的時候，我們也改了名字。」名字承載了過去，就算不揭示他們從何而來，也透露出他們不來自這裡的訊息。他們改名不是為了改運，只是為了減少麻煩、方便存活。他們得順應要求、戴上面具，變成和別人相似，或易於被別人接受的樣子。

住到這區的時候，她又改了名字。

「我妹妹以前會在開齋節和我見面，有次我們約在胡馬雍陵，但她沒看到我，就問附近的人認不認識『朗妮』，那人說：『我不知道，但我認識一個叫『佩提』的女人，聽起來跟你的描述差不多，你要去找她嗎？』後來他帶我妹來見我，她看到我時不敢相信我住在街上，接著是一陣戲劇化的哭哭啼啼。我後來不再和他們聯絡了，當你有錢，全世界的人都圍著你打轉；但要是你沒錢，沒半個人在乎你。」

佩提必須透過改名而隱匿、丟棄或改造某部分過去，留下或自行填補許多空白以迎接未來。名字的多樣化，象徵身分的斷裂，我曾為她無法說一個流暢無前後矛盾的故事而困擾不已，但聽到此，才明白或許她也為必須和名字一同被拋下的過去而困擾。她的前台角色不斷轉換，展現出別人想看見或能接受的樣子，但後台真正的自己是誰？她的真名還對她別具意義嗎？

想起在小說《地海巫師》的世界裡，萬物皆有真名，要知曉某人的真名，才能成為其主人並對其施術；又想起電影《神隱少女》中白龍叮囑小千一定要找到自己的真名，才回得去本來的世界；甚至在驅魔儀式中也需要找出魔鬼的真名，才能拿起上帝的權柄讓它離開。真名的重要性，似乎和一個人的本質與其內在的自我認同相連。

但旋即又想起種姓制度的遺毒，那對上層之人來說是恩賜的事，對下層之人卻成了種詛咒，若個人的價值不由分說便因姓名而被裁定，並使人進而厭棄自己的真名，那麼，真名還有意義嗎？

不可靠的，不止她的名字。她所聲稱的年紀，和她證件上的也不相符。問她為什麼？她只說：「這是他們隨便寫的，事實上我根本不記得自己的生日和年紀。這張卡上寫我三十六歲，但只是胡亂寫的，我自己都不知道我的生日是什麼時候。」

恍然明白到，不管是她說出口的或是用白紙黑字記錄的證件，或許都與她真正的年紀有段距離。活了多久對她來說不重要，唯一重要的是努力活下去。曾聽德凡許說很多街友已喪失了時間概念，但或許是因他們不得不衍生出另一種時間觀。不同於普通人為了實現長程目標或夢想而竭力完成階段性任務的線性時間觀，街友們因無法積累所獲的微量資源，加上每天受吃住地點時間的制約，當他們回望，很難確切指出自己哪天做了什麼事。或許說得出自己固定每星期二去哪裡吃飯乞討，但上個星期二和上上個星期二，對他們來說則沒有太大差別。

「你怎麼拿到這張證件的？」

「政府的人到附近學校幫我們辦卡。」

「不需要其他身分證明來辦卡嗎？」

「不用，這卡是辦給街友的。他們寫上我的名字，註明我住在街上而非屋子裡。但當我拿這卡片去投票時，他們又拒絕受理。我和他們吵架，說這上面有我的名字和照片，你們怎麼可以不認？但他們就是不讓我們投票。」

佩提說她寧願自己有的是補給卡（註），如此就能以補助的優惠價格買到食物，這顯示這些年和街友倡權者互動，她漸漸學習到法律有保護基本人權的概念。然而光知道並不足夠，實際的情況是，若無人協助，她並無足夠能力去申請那些證明。而投票證能做什麼呢？名義上是讓她能在民主體制下表達自己意見，選出能為她發聲的代表，但實際上她的人頭似乎只被有心人士利用來操縱選票。「莎思提」看似更靠近真實一點，真正探究下去又好像不是這麼回事。

我們從未留下聯繫方式給對方，她不知道我住在哪兒，我也只懂得到某個區域找她，我們之間近似朋友的關係只建立在相見的當下，雖然敞開心扉的分享與日俱增，總免不了感到一種稍縱即逝的氣氛。若哪天在這街頭出了什麼事，她又會去到下個地方，換上新的名字。

只是離去前，我都仍只叫她佩提，而不是莎思提。因為只有到尼札穆丁報上佩提的名，才有人能為我證明與她共同經歷的一切不是幻影。

註1：Humayun"s Tomb

註2：Ration card。印度公共配給制度（Public Distribution System）中一項重要的文件，按經濟程度發放，人民在特約商店出示此卡即可以受補助的低價買到基本民生用品，如穀物、糖、煤油等。

火燒身後的蘇瑞卡

今朝有酒今朝醉

猶豫不決的背後，隱藏的或許是帶有理性主義偏誤的價值觀，以為只要精準的踏好每一步，就能建構起到達終點的正確路徑。但真實世界或許更像電玩遊戲闖關，往前的每一步都是未知，充滿意想不到的新刺激與阻礙，必須一次次從嘗試與錯誤中學習改進。只是真實人生不比虛擬遊戲主角，可以在生命終結後獲得捲土重來的機會，玩家能從遊戲中帶走的或許只是：即便對時間用罄前謎題未解的焦慮永遠存在，必須拋下對完美的追求，跟從直覺選擇某條道路走下去，至於那是對是錯或會不會後悔，只能留待日後揭曉。

下午五點四十分離開辦公室，心中又上演糾結的自問自答，意欲比較是一路搭嘟嘟車直奔目的地比較快，還是轉搭地鐵比較快。靠近下班的尖峰時刻，擁擠是免不了的，差別只在於嘟嘟車是車子間的摩肩接踵，附上噪音廢氣的全程陪伴，地鐵則是人肉像沙丁魚般密集擠在鑵頭裡的親密接觸，偶爾伴隨飄盪在冷氣空調中的濃厚體味。思緒未解前，一輛嘟嘟車忽然一個大甩尾從對向車道拐回，停在我面前。

「去哪裡？」

「夠分普力站。」

最終選擇了可預測性，比起超脫個人掌控的塞車時間，地鐵似乎較有效率。不想讓人枯等，決定選擇比較靠譜的。

時針剛過六點，正把背包送上安檢帶時，跑馬燈顯示有車進站，於是顧不得其他，就快步在手扶梯上奔跑，趕到月台時卻發現列車首節的女性專用車廂早已呈現爆滿狀態，外頭亦是滿滿人潮，看來至少要下一班才有機會把自己塞進去。於是迅速改變策略，踏入普通車廂，同時把後背包改背至前胸，用以看顧貴重物品和保護胸部。一般車廂照理來說是男女共用，但裡頭八成以上都是男性。

列車行經大凱拉許站（註1），遠方夕陽散發的橘紅色光暈使人有短暫的浪漫陶醉，但潮濕汗味卻陣陣襲來，打破遐想。身邊的男子手拉吊環，腋窩明顯濕了一片，看他一副若無其事的樣子，誰也不忍戳破這煎熬窘境。不料，車子到此站後卻停住不開了，地鐵廣播也沒解釋原因，只要乘客耐心等候。「真衰！」心裡忍不住抱怨起來，但更氣的還是自己老忘記該放棄對地鐵準時的期待，平時習慣了對捷運準時的依賴，內化的生活經驗讓人誤以為準時是理所當然。忘了在這裡，時間不是能被精準衡量的數字，當周遭人們可以不帶太多情緒的承受地鐵的不靠譜時，我也得練習將之視為無物，才不會因生悶氣而內傷。

地鐵就這樣一路走走停停，沒人搞得清究竟是為了什麼而停擺，好不容易抵達喀什米爾門站（註2），無暇思考與停留，腳步便不由自主地跟著快速移動的人潮前進。疏散旅客的室內通道又長又寬，藉以容納龐大的人流量，通道兩旁有幾家賣輕食的小攤與速食店，供行色匆匆的人們補充熱量，只可惜，儘管受到食物強烈誘惑，遲到的我只能按捺住空腹的不適，趕緊找到下降至出口的電扶梯。

果不其然，還未下到地面，就看見阿拉夫正和一個嬌小女子在扶梯邊談話的身影。夜色已至，僅天邊晚霞仍殘存著一抹令人眷戀的紅暈，這是雨季裡一個難得乾燥無雨的舒適傍晚。想到將與蘇瑞卡相識甚至邀請她與我分享人生，便發現那種隨著經驗增長漸漸學會藏在內心深處的羞怯，仍具有影響自己心臟跳動頻率與呼吸深淺的能力。

剛被介紹時蘇瑞卡比我更害羞，只短暫與我對眼數秒便移開，但她溫婉含蓄的笑容使我安心，便慢慢詳細回答她拋出的種種疑問，把自己的身家背景，跟印度、阿拉夫、無家者、女性問題等的關係都回答過一輪後，她也逐漸褪去羞赧的神色，敢於與我對看直視。

她身高不到一百五，身著淺綠色紗麗，並用繞至頭頂的布料蓋住額頭和脖子，只露出巴掌大的臉。光著腳，兩腕都帶著閃亮的銀手環裝飾，身形與舉止像女孩，手腳和臉上的皺紋則洩漏了年紀，她說自己今年四十歲，看來卻像五十多歲，或許是街頭生活困苦催人老。她湊近阿拉夫耳邊說了幾句，阿拉夫轉達蘇瑞卡想帶我去看她夜晚睡覺之處，於是我們又繞到地鐵站的另一邊。

穿過地下道，從另一出口出來映入眼簾的是座長約十公尺、寬約三公尺的亭子，靠著六根長鐵柱支撐鐵皮屋頂。在能遮雨但避不了風的亭子裡有幾台小攤車，賣奶茶、點心、口嚼菸草、罐裝冷飲等，是個再普通不過的公眾之地。然而，在中間一根鐵柱旁，略為突兀地放了個上了鎖的小木櫃，高及我腰，大小則比我肩膀略寬。蘇瑞卡在木櫃前蹲下，拿出鑰匙解鎖，拉開兩扇櫃門，裡頭有三個薄夾層，放著摺好的毯子和幾套衣服，那是專屬於她的櫃子。她把所有家當都鎖在裡頭，貴重物品則隨身攜帶，夾在腋下附近、胸部與胸罩的空隙間。她倚著木櫃，手指往地上畫了個長方形，框出她睡覺的範圍，再從木櫃與柱子的間隙拿出瓦楞紙板鋪在那範圍裡，又向隔壁小攤借來一張椅面已裂開，就快報銷的塑膠板凳，用肢體語言邀我坐在椅子上，自己則盤腿坐到紙板上休憩。

普許卡拉下午外出開會，也受到地鐵誤點影響，還在趕來的路上；阿拉夫也不急躁，只交代了聲要去抽根菸，便消失在視線外。身為不請自來的陌生訪客，還未能看清事情發展的流向，又缺乏有效的溝通橋樑，對於該主動發話或被動等待仍缺乏拿捏的自信，就在感到內心矛盾小劇場又將開演之際，我瞄了蘇瑞卡一眼，發現對比起自己的不安多慮，她神態自若。在這裡，遲到是常態，準時是驚喜，人們擅長等待，接受與時間爭鋒的焦躁情緒純屬多餘，時間本身的目的便是流逝，他們沒有被下一刻更重要的妄想所追趕，比我更懂得如何活在當下。

突然間，蘇瑞卡像想起什麼似的轉頭看我，露出孩童般欣喜的神情，右手大拇指圈住另外四指，將手抬到嘴邊微微仰頭，問我要不要喝茶，我為蘇瑞卡那身為「主人」的熱情好客感動，回以微笑地左右擺頭，她便興高采烈地去小販那兒點茶。獨坐的那段時間，我的視線落到另一小攤前：一個男人仰天醉倒躺在亭子的空地，眼睛半閉、身體左右扭擺、嘴裡念念有詞。小販不受影響，繼續在他餐車後準備食物，路過的行人則自動繞開醉漢，沒人搭理他，彷彿對這種場面司空見慣似的。

等到有群穿著時髦的年輕男女走到小攤旁買點心，小販這時才感覺店鋪前方的醉漢礙了他的生意，從餐車後方走出到醉漢旁邊踢了兩腳，惡言幾句後指向亭外，要他到別處去躺。醉漢眼睛微睜，對小販怒罵還有點反應，但他的移動只是翹起屁股，靠背部和雙腳當支點稍微挪開幾尺後，繼續不害臊地大剌剌躺著。小販見醉漢已不再擋在他攤位前，便趕忙回到崗位上回應客人點單，而打扮新潮的年輕男女，此間一直聊天笑鬧好不開心，眼神不曾看往地上，彷彿醉漢與他們生活在同一世界的不同維度，明明共處同個空間，但在彼此眼裡都是隱形的。

然後，狀況劇繼續上演，不知從哪兒冒出一名年輕男子，在醉漢身旁蹲下，嘴巴湊到他耳邊窸窸窣窣說了什麼，醉漢聞言仍不起身，只是又稍稍抬起尾椎，把手伸進褲袋裡掏出幾張小鈔給男子。男子一接過錢便起身離開不回頭，令我大感不解，這人是醉漢的朋友嗎？他拿錢去幹什麼？

片刻後，只見原本兩手空空的男子，現在左手握著白色塑膠杯，右手拎個玻璃瓶，大搖大擺地走回醉漢身旁坐下。他鄭重其事地將兩個杯子擺好，再把醉漢扶成坐姿，接著轉開瓶子，斟滿兩個塑膠杯，也不顧醉漢恢復清醒了沒，便拿起自己那杯，輕碰一下醉漢那杯後就一飲而盡。還在茫的醉漢，雖然動作較遲緩，也循著本能拿起酒杯就口。年輕男子只一杯就升起酒興，開懷大笑起來，醉漢則繼續面無表情，閉眼活在自己的天旋地轉中。接著，兩人再乾一杯……。

確定那瓶裡裝的是黃湯後，我不禁笑了出來，原還以為男人可能是去買水買藥或解酒液什麼的，怎知完全猜錯方向。蘇瑞卡和阿拉夫不知何時已回到身邊，注意到我正目不轉睛地投入在這街頭小劇場。讀出我眼裡的興趣與好奇，蘇瑞卡便像隨口提起件不足掛齒的小事般笑說：「啊，那男人昨天賭博贏了九百盧比，因為太開心，今天一大早就把錢都拿去喝酒了，才會太陽還沒下山就喝得爛醉。」她描述這情況時臉上浮現的是善意的戲謔，沒有絲毫憤慨或諷刺，有的只是了然於心的理解。

豪區研究加拿大溫尼伯貧民窟區裡街友的狂飲行為時（註3），觀察到當街友獲得意外之財，把自己灌醉和請人（不一定非要是熟人）一起狂歡飲酒其實是一種的生存之道。因為他們生活不可避免的公開性缺乏保障，使得他們若把錢留下來，可能會為自己招致如被偷竊、搶劫或討債等的更多危險。他們因此寧願今朝有酒今朝醉，把橫財立即揮霍精光，並藉此建立或累積與他人即使只是薄弱的社會網絡連結，也不要存起來為遙遠的未來打算。畢竟，錢要存在哪裡呢？未來，難道真能因這九百盧比而翻身？

我再次打量眾人見怪不怪的神情，在這個極度苦悶與忙碌的城市裡，每個人似乎都練就了一身抽離的好本領，不知那是淡漠還是寬容？又或許，兩者皆有之？當每個人都自顧不暇時，只能尊重與接受每個人應對生活的方式。記得德凡許跟我說過：「你不能怪罪他們沉迷於酒精，即使只是一時的解脫也是種解脫。倘若是你流落街頭，在生存壓力這麼大的環境下，也難保你不會用酒精或藥物來面對壓力。」街頭展現的樣貌看似跳脫常理，或許只因他們面對的日常亦是常人無法忍受的艱苦。

於此同時，時髦男女早就離開小攤，或許到城市裡哪個新開的餐廳吃飯，又或許再到哪個昂貴的酒吧跳舞狂歡。醉漢今晚大概都會是這副德性吧，狠狠醉完今天，明天再去下個賭博攤碰碰運氣。

註1：Greater Kailash。

註2：Kashmiri Gate。

註3：克里斯多福・豪區（Christopher Hauch）在2003年所撰的〈街頭上的互惠〉，刊載在加拿大首版的文化人類學期刊上。Hauch, C. (2003). Reciprocity on Skid Row. Cultural Anthropology: First Canadian Edition. William A. Haviland, Gary W. Crawford and Shirley A. Fedorak, 206-216.

我不是壞女人

當晚霞隱沒在遙遠天際，黑暗逐漸掌權，昏黃微弱的燈光無法削減其攻勢，頂多只是更映襯出夜之深沉不可測。每個光線無法抵達的死角，都歇斯底里地潛藏著未知與可能的威脅，這裡是另一個幽暗之地。即使站在街燈下，也難保那光怪陸離的什麼，不會突然從黑暗中某處衝出，將你撲倒在地，拖到陰影帷幕後面。

夜間使人們的眼神也變了，本來對我們不甚在意的小販與往來人潮，開始投出狐疑的目光。就算什麼都沒說，光是存在與現身，就能挑起別人的敏感神經。

即便離開亭子，物色到一處無人的騎樓角落，想和蘇瑞卡有不受干擾的對話，都難以如願以償，時不時有人刻意經過，甚至毫不遮掩的探頭探腦，想偷聽我們談論的內容。當有禮貌的問道：「請問有什麼事嗎？」那些人卻搖頭不語，只露出詭異笑容，請他們迴避後，沒多久又像磁鐵般自動黏回身邊，但若放任不管，他們就持續在旁流連不去。分辨不出這只是一般人好奇的窺探，還是老大哥派出手下爪牙或臥底來做的監視，但這種人人隨時隨地可見可議，不尊重隱私的包圍目光，不論其背後動機為何，都同樣讓人感到不適。

被逼到無路可退，最後決定只能帶蘇瑞卡至租來的私家車上談話，關門後談話內容不會外洩，是附近唯一的安全密閉空間。阿拉夫和欽納則繼續在不遠處和其他街友談話，除了維持既有關係與建立新關係之外，更重要的目的是幫忙把風。街頭工作如佩提所說，需要與眾多不同勢力角力，在選擇幫助某些族群時，也必須撫平地緣相關利益者的憂慮，說明自己不是為消滅誰或獨利誰而來。巧妙表達對眾人困境之理解以減輕他們的被害意識，也是工作中不可或缺的一環。

蘇瑞卡和我坐在後座，普許卡拉則從前座回身加入談話。沒等我們開口，她自己先提起那個意外，她人生故事的轉捩點。「他在外面有了別的女人，我們因此經常吵架。有天我在廚房煮飯，沒注意到他從外面進來，他拿汽油潑我後點火，讓我全身都著火了，家裡沒別人在，跑到鄰居家他們才幫我滅火。」

我這才明白那時不時從頭巾邊緣不經意露出的可怕疤痕是怎麼來的。坐在她左邊，於是得以沿著頭巾的線條，看見她左臉從眼尾後方、鬢角周圍，到脖子左側以至胸前，都是皮膚燒傷後變形的痕跡，更不敢想像那被遮蓋的部分，還殘留多少火舌肆虐肌膚後的烙印。想到那將內在創傷具象呈現的外顯傷疤，可能一輩子都會被藏在頭巾底下，頓時心頭一緊，不知她心中的傷口是否也如表皮疤痕一樣癒合了？

那是壓垮駱駝的最後一根稻草，大難不死後，她決定離家到街上，並一路躲藏不讓丈夫追查到。

她的陳述使我想起幾天前占據報紙一角的短篇報導。一位二十出頭的女孩，因不堪被跟蹤狂騷擾，鼓起勇氣到警局報案，那男子因而被拘提，後來更被定罪，入獄服刑數月。但出獄後男孩並未悔改，一天他和母親重啟跟蹤，兩人更合力在路上殺了那女孩。男孩的母親在被捕後都未有悔意，她不認為自己有錯，聲稱女孩報警的行為「毀」了男孩的人生，需要受到教訓。

那好小的版面，好像在說這並非震驚社會的大新聞，我卻因這事件顯示的種種性別桎梏而痛心。當法律等制度面開放支持兩性平權，並隨著女性的自覺提升，使她們逐漸敢於發聲為自己爭取權益時，那厭女情結卻不知仍深埋在多少人家的內心，使人大言不慚地合理化自私的暴力報復行為。

而蘇瑞卡不與丈夫正面對決，以一種逃避的方式尋求自主，很難明確的說這離開是主動還是被動。這在走投無路之下的選擇，雖展示了她的獨立性，當中卻是充滿無奈。

回憶過去，日子並不總是那麼難過。父母出身自哈里亞納邦，並在她五歲時移居德里尋找工作機會，他們住過德里西南方R．K．普蘭（註1）的貧民窟，貧民窟被迫遷後則搬到北德里的夏苦爾巴斯提（註2）。她雖出身自低種姓，又作為家裡八個小孩中的老大，九歲就開始分擔家務，掃地洗衣煮飯做菜樣樣來，甚至還到別人家幫傭當童工。但即使如此，她並不引以為苦，反倒是對學習沒有多大興趣，不論父親怎麼勸她讀書，她就喜歡蹺課四處去玩。

論起婚嫁的安排，一切則好似行雲流水那般自然，裡頭沒有自主的意識，亦無怨懟的情緒。八歲時父母已幫她選定好結婚對象，而當她十五歲，父親說出「女兒長得快和我一樣高，可以結婚了」之時，她便正式嫁入夫家。丈夫大她六歲，是政府部門的園藝工，收入穩定、經濟無虞，她說新婚時丈夫很疼愛她，還捨得為她添購新衣，幸福生活之所以變調，全因丈夫變心。

變心後，丈夫開始對她百般刁難，例如要求吃素的她煮葷食，或是故意不準時吃飯，迫使她必須反覆加熱食物，卻又嫌棄多次加熱後的飯菜太乾難以下嚥。反正只要抓到雞毛蒜皮的把柄，就對她拳腳相向。有次甚至嫌她煮太鹹，就氣得拿刀刺她，她還因此被送進醫院。

說起那些例子，她原本軟嫩的聲音漸趨急促拔高，速度也像趕火車般加快，彷彿要趕在車門關上車子開走前做完全部舉證。但那些帶著明顯火氣爬升的氣勢，卻在最後一刻敗下陣來，聲量忽然轉小地說出種種虐待中，最令她受不了的是當她拒絕與丈夫行房時，他用蠻力強行逼迫的羞辱。

她不是沒有忍氣吞聲，但火燒身後，帶著疼痛不堪的頓悟，她逃離這個家，連孩子都沒帶。

在街上生活已十多年，丈夫則在一年前離世，但丈夫生前把房子賣了，沒留任何財產給她。大女兒已嫁作人婦，每兩個月會來看她一次，但女兒婆家沒人知道她還有個身為無家者的母親。唯一仍讓她牽腸掛肚的是十九和二十歲的兩個兒子，他們倆不久前在械鬥中打傷了人，因傷害罪入獄，她甚至不清楚其中原委，只是固定每月去探監一次。在孩子成長歷程中缺席的蘇瑞卡，此時重新扛起對孩子的責任，不久前她還問阿拉夫是否知道有什麼方法可以救他們出來。

短時間內蘇瑞卡仍無法脫離街頭生活，談起街頭生活，她說最令她困擾的是「人言可畏」，她最怕人家的指指點點。

上車前一刻，有個女人走近我們身旁，用帶著嬌氣的嗲聲說：「喔，蘇瑞卡，你今天釣到外國人了！」不等她回答，女人又晃到別處去了。她和女人的關係是深是淺，我們不得而知，但那話裡的酸楚與挖苦，在場之人無不感受得到。看著她緩緩離去的背影，蘇瑞卡湊近我們耳邊說：「那女人是壞女人。」

蘇瑞卡意圖暗示，對男人賣弄風情，以身體賺取金錢的性工作者是「壞女人」，她站穩立場，把這些女人劃定為「絕對的他者」，但對話中她偶爾又透露出自己與「他者」忽遠忽近、撲朔迷離的關係。

「我最怕別人的閒言閒語，最怕他們說我在做『壞事』，然後男人就會用異樣的眼光看我。」

「為什麼別人會閒言閒語？」

「我身邊有很多『壞女人』，她們做『壞事』，又常來找我，別人就開始說閒話。」

「你怎麼知道她們是『壞女人』？」

「我原本也不知道。但當男人經過，她們對他們拋媚眼，我就懂了。我把她們趕走，不再跟她們說話。」

「你怎麼認識她們的？」

「我以前在公廁工作，她們會來上廁所和盥洗，有些後來和我變成朋友。」

「為什麼壞名聲這麼可怕？」

「我不是妓女！我只是做低下的工作：煮飯、送茶、洗碗等。」蘇瑞卡的聲調突然拉高，急著把標籤推開。

「所以這些『壞女人』是自願的？」

「不，她們是被迫的。她們的丈夫毆打她們，不給她們食物。她們沒有工作、沒有財產，只好賣身，一次收兩到三百盧比。我們常在一起哀嘆彼此的命運，說丈夫施暴、酗酒、不工作，這時女人必須自立自強，走出家門工作，不管那是怎樣的工作。也有男人承諾要給這些女人工作，但最後只是要跟她們上床，這也是女人會走上這條路的原因之一。」

順著她的解釋往下推論：「所以有的『壞女人』是因為找不到工作，為了收入才做這種工作嗎？」

她卻又立刻站到另一邊去了，說：「當我去找工作時，很多人想占我便宜，但我從未屈服，總是想盡辦法逃走。我很勇敢，可以自給自足不接受任何人的幫助。我會在身邊放根棍子，不速之客一來我就打。」

當問起不涉及她個人行為的客觀問題時，蘇瑞卡似乎頗能包容與體諒。但若想多了解「壞女人」與她的關係，或嘗試與她一起解構此標籤從何而來時，我彷彿誤闖禁區，使她心中的警鈴大作，她變得像隻驚弓之鳥，急欲閃避任何可能的影射。她所處的環境，不容許她同理或認同那些「壞女人」，否則，別人就會將她們劃上等號。

「壞事」指的是性工作，「壞女人」則是在貶低女性性工作者，但這性之所以負面，全因它與女人起了連結。男人面對性，卻不需要遮掩羞愧。為了讓苦悶的男性勞工有所抒發，紅燈區雖違法卻未被強制取締，更有多少男人，將性生活的活躍等同於具男子氣概的表現？

反觀女人，由於和性相關的所有層面都是不應公開言說或展露的禁忌，當她們獨自住在街上，便難辭其「壞」，因這原屬私密領域，需有安全空間始能自主的那一塊，完全被剝奪了。她們不只是無家可歸、更無處可藏，任何的行動選擇都隨時能被觀看評價，甚至是強度更高的被攻擊侵犯扭曲嫁禍等。

這是蘇瑞卡和其他無家者女性所面對的世界：即使性對她們來說也是自然需求，縱使從事性工作有其背後不得不的原因，更無論那些女人的生命經驗和她有多麼相像，她都必須與她們劃清界線，堅稱自己不「壞」。她不能容許讓「壞」靠近，否則就得面對更多的剝削。

「我丈夫把我趕出家門，因為我不和他做壞事（行房）。他也和別的女人做那件事，我無法忍受，每次他想做時我就逃走。我唯一的丈夫毀了我，我早就對男人失去信心，如果第一任都沒有好好對我，我怎麼可能再期待下一個？我不需要男人，我不是壞女人，沒有男人我也可以活下去。」不同於佩提從一段又一段的關係中尋求保護，蘇瑞卡決意表現出與男人的斷裂。是啊，有什麼好處呢？他們當中，真有人可以依靠嗎？但或許正因這選擇，面對相關討論，她也顯得更加拉扯分裂。

然而，壞或不壞倒不完全只是道德問題，在客觀環境上，有錢賄賂警察的人較承擔得起「壞女人」的臭名。

「警察騷擾我，他們能從拾荒者、扒手和妓女手上要到錢。」蘇瑞卡因不讓他們揩油水而被視為眼中釘。「他們有時一天來三四次，如果你給他們錢，即使你是『壞女人』他們也會幫你。他們會先假裝在大家面前指責你，但你之後就會沒事。可是我不給他們錢，所以他們生我的氣。」像蘇瑞卡這樣缺乏經濟資本的人，只能訴諸暴力與瘋狂。「睡覺時我放根棍子在身旁，警察覺得我把人都嚇跑了，讓他們沒有可以揩油的地方，所以他們討厭我。」

「如果給點小錢就能減輕生活的威脅與負擔，為什麼不做？」

「我沒做壞事所以不怕。我為什麼要怕？我又沒做錯事！」

或許也是因為，如果一旦屈服，這勒索就不會有結束的一天。就算她真覺得自己壞，或真幹了「壞事」，她也只能矢口否認，這不只是心理上的補償作用，更是種不得不的生存策略。當街友女性們的自我形象已被外在評價踐踏得體無完膚，當人們都一致認為她們「壞」，而她們也無法反駁所有罪名時，為了維持主體的完整性，只好把「壞」的部分都加諸在其他客體上，說其他女人才是壞女人，並竭盡所能地表現自己比別人好。

「是的，無家者女性是壞女人，但壞的都是其他人，而不是我。」

這個策略其來有自，卻不免加深了我的沮喪，因為這代表在內心主觀層面上，蘇瑞卡未能超脫社會對無家者女性的好壞評價，即使她的行動是出走，她內化甚至強化了父權體系壓迫女性的價值觀。

如何讓她們相信那個「壞」是有正面力量，甚至可能是「好」的？當她能充滿安全感，自在的探索與擁抱對性的需求與感受，當她們能視彼此為一個群體，看見那客體承受的煎熬，正是自己所經歷的煎熬，是否就不會有那麼多的內在拉扯，而能共同超越世俗的歧視？

然而，千夫所指、人言可畏，當人們劃了個框架硬是要把她們塞進去，她們又要多用力地去看見、認識、談論、整合，才有可能擊破那個框架？而在社會與文化的枷鎖尚未被粉碎前，她們又如何能有接納自己，使內在達到和諧與平靜的能力？這才意識到，正大光明需要的各種資本，對她們來說是多麼難以企及。

談到一半，蘇瑞卡冷不防地迸出一句：「你要怎麼幫我？」我一時沒意會過來，等聽懂她的期待，想回答希望藉由她的案例推動更多針對無家者女性的服務，話都還沒到嘴邊時她又補了一句：「算了，太多人了，你幫不完。」我像是憑空挨了一巴掌，卻也無從反駁起。「像我一樣在街上的女人很多，很多更是從小就在街上，每個人都需要被幫忙，你幫不了我們的，很多人來到這裡都承諾要幫忙，但最後都離開了。」

是啊，該怎麼幫呢？可以重述自己的研究動機，但那不是她需要的。和阿古瓦妮一樣，她已學會期待太多只會讓自己受傷。事實上，回顧整段相處，不如說自己才是真正的受助者，她無私的與我分享自己的故事，而我還不知該何以為報。

註1：Rama Krishna Puram。位於德里西南方。
註2：Shakur Basti。位於德里西北方。

矛盾的母女檔

群居的女人們

麗塔將塑膠瓶裡的水倒至大洗衣盆中，裡頭堆了些髒衣服，搓揉肥皂，細小的白色泡沫就混進水裡一同被衣服吸附，空氣中瀰漫著肥皂的清新香味，她把浸濕的衣服鋪到石板上，右手拿起棍棒敲打，這期間她一直蹲著，我跟著蹲在她身邊一下就累了，只好手撐大腿站起來環顧四周，踢踢腿以放鬆發麻的下肢。她做家事之處就在街邊的人行道上，現在不是尖峰時刻，這裡也不是車行的主要道路，往來車輛不多，對面的人行道上同樣住著其他街居者。又是個陽光清亮的午後，我珍惜這在德里難得的悠閒感。

眼光飄向安娜和她小孩，兩歲的女童還不會控制便溺，想解手就直接放鬆括約肌任屎尿自然奔瀉，她們沒有尿布，當街就把女童褲子脫下，從寶特瓶倒水出來沖洗，女童一時半刻就這樣光著屁股在街上四處遊走，安娜洗完髒褲後，一把抓起她到身邊洗屁屁，最後拎著她走到牆邊，翻開成堆用品上的防水布，抽出件紅褲子為她穿上，直撐到下次尿意或便意來襲，再重複相同的動作。事實上，水資源的取用也並非那麼容易，他們居住的街上沒有固定水源，必須走到幾里外的公廁或是偷吃步接別人家花園水龍頭的水，每次裝水幾乎都要全員出動，女人小孩一齊帶上大大小小的瓶子。

再回頭看麗塔，她已洗完衣服，正就著盆裡殘存的水洗澡。在沒有遮蔽物的街上，她先用小碗將頭髮和身上的紗麗打濕，然後往頭、頸、衣服上抹起肥皂。見她和衣洗澡，一開始頗感詫異，後才明白這是在開放空間洗澡的唯一辦法。將泡沫沖淨後，她圍上一條大毛巾，要塔拉和甘佳拿毯子靠牆幫她遮出更衣空間，讓她換下濕透的衣物。

時間約莫是下午四點，麗塔洗後叫塔拉去洗，有段時間我沒注意麗塔在哪兒，只是坐在她們鋪地的毯子上，一面和米娜有一搭沒一搭的聊天，一面和塔拉與米娜的孩子們在玩。米娜說自己來自尼泊爾，從小是街童，若沒遇上麗塔，現在可能不知仍在哪裡流浪。她現在嫁給一位靠拉人力車維生的跛腳男，我有印象在這裡見過他幾次。「丈夫為人老實是最重要的，他對我和小孩都很好。」米娜說。

當麗塔再度現身，她打扮得像是要去參加一場宴會，換上鮮黃底色鑲金、綠、粉色亮片裝飾成朵朵小花的紗瓦爾卡米茲，頭髮仍在滴水但已仔細梳好盤起，嘴唇抹上鮮豔口紅，眉毛與眼線也都細膩地描上。不同於女兒輩的其他年輕女人常是不修邊幅的模樣，五十歲的麗塔是這群人當中最愛美的，不知怎的腦中浮現塔拉對自己母親的評價：「水性楊花，喜歡和男人勾搭。」震懾自己的刻板印象僅一時半刻就能被那未經證實的言論給影響並建立，若連愛打扮都能輕易被論斷成是負面指標，街上的女人可否還有表達自我的自由？

和麗塔談話不像和一般人聊天那樣容易，雖然關於出身、父母、丈夫、與如何來到德里等問題，麗塔總不帶猶豫的爽快回答，但每每以為話題似有往前推展，順著脈絡繼續問下去，最後卻會發現自己落入像潘洛斯階梯（註1）一樣的死胡同。若再換個方式問同樣的問題，她會回應全新且迥然不同的片段資訊，那些細節構成無法破解的迷宮，缺乏一線到底的連貫，我甚至不能確認那矛盾是刻意為之，或只是因缺少某些關鍵描述的補強所致。

不論是否暗藏悖論，麗塔都能侃侃而談，她細數自己的七個子女，包括已過世的大女兒艾莎、住在對街的哈莉莎（三十二歲）、出嫁後搬離此地的葛莉瑪（二十九歲）、最讓她心煩的塔拉（二十四歲）、去了馬德拉斯打工的阿德許（二十歲）、仍與自己同住的阿卡許（十三歲），還有被牧師收養在教會學校念書的吉娜（十二歲）。她說第二任丈夫七年前過世後，自己便與丈夫的胞弟同住，小叔之前是附近市場的清潔工，市場被迫關閉後，他改到寺廟外兜售祭拜用的花圈，兩人的共生關係建立在他提供她麵粉等食物原料，而她幫他料理家務。言談間麗塔透露自己曾想嫁給他，卻被對方嫌棄太老，甚至反過來要求她幫忙找結婚對象。

是出於什麼樣的需求才想嫁給小叔？期望他提供更多經濟或精神的支持？但一問之下，她的沒期望和佩提如出一轍，笑小叔比她還怕事，說他沒能照顧她與阿卡許的肩膀，但她仍深信不疑：「丈夫給你支持，就沒人可以隨便評論或欺負你；如果他有賺錢，我們跟他一起住就能受人尊重。」對麗塔來說，結婚的必要性不在於物質需求或心靈寄託，更多是為了社會觀感所做的選擇。

一輛大卡車在路邊停下，上頭的司機也不管這群女人怎麼想，便自顧自地向她們吆喝。塔拉當時才剛洗好澡，正全身濕透，仍需要甘佳和米娜幫她拉上毯子遮出隱蔽處時，卡車司機的眼光沒有任何迴避，貪婪地尾隨她至牆邊角落，並裝著怪腔怪調輕慢的喊出淫言穢語。只見拉著毯子的甘佳臉色頓時沉下來，惡狠狠地回瞪司機，待怒氣凝集後使勁破口大罵，說他要是敢下車，就要把他揍得體無完膚。司機絲毫不受威嚇，仍一副嘻皮笑臉吊兒郎當的模樣，相較起甘佳的怒氣沖沖，他哈完菸後便若無其事地駕車離開，好像甘佳的回應正中他的下懷，他就是要調戲這群女人，讓她們感到不舒服而已。被騷擾的這幕是逃不掉的日常，這還只是白天而已，當太陽下山黑暗主宰這街時，她們要怎麼對抗這種肆無忌憚的惡意？

「在街上生活最困難的是什麼？」我問。

「睡覺。我沒有一天睡得好，每天都得提心吊膽。有次我睡著後有人鑽到我身旁，我以為是我丈夫就沒醒來查看，結果那人開始脫我褲子，被吵醒後我發現竟是陌生男子，立刻跳起來大叫大鬧，他見事態不妙才走開。」甘佳說。

「睡覺。我常睡不好，擔心不知道誰會趁機來占便宜。有次我真的太累睡死了，因為都和孩子一起睡，有人睡到身邊我也沒警覺，隔天醒來被大家嘲弄說我不檢點，我真的羞愧到想鑽進地底。」塔拉說。

「騷擾你們的男人是誰？」

「就是一般人。路過、拉人力車、開嘟嘟車的都有，他們賴著不走，用齷齪的眼神盯著我們，讓我們感到噁心，有時候他們喝醉或嗑藥了，甚至想強逼我們就範。我們必須反擊。」甘佳說。

換好乾淨的衣服後，塔拉走回我身旁，對剛才發生的事隻字未提。拆開我為她孩子買的小包裝奶粉，倒進旁邊已有缺角裂痕的小碗裡，再兌上從熱水瓶倒出的溫熱水，就是孩子們的營養補給。塔拉準備餵八個月大的黛薇喝，但兩歲的維罕和八歲的帕拉薇在一旁看得口水都快流下來，甚至米娜的兩個孩子也露出按捺不住的神情，一臉覬覦想喝的嘴饞樣。塔拉見狀，沒有解釋或主持公平分配的意願，只是默默到旁邊拿另一個碗，拆開另一包奶粉兌水，拿給八歲的帕拉薇。她倒懂事，拿起湯匙照順序一人一口的餵，於是能走爬的都圍到她身邊排排坐好。塔拉又回原位繼續心不在焉地餵了黛薇幾口後，突然就把手中的碗遞過來，要我接手她的工作，自己則起身要走。

「你要去哪裡？」我一頭霧水。

「我要去對面幫哈莉莎做恰巴提了，洗澡前她問我能不能幫她的忙。」塔拉說。

「你要去？」早上談話時，塔拉還細數這裡每個人的自私自利，堅稱以後只要管好自己和孩子就好，此刻的行為豈不是自打嘴巴？

「對，反正也沒別的事做。」塔拉一如往常的漫不經心。

「那她會分享食物給你們嗎？」

「不知道，希望她會。要看她心情吧，心情好就會，心情不好我就只能再去別的地方找吃的。」

食物不是最大的問題，附近有各種宗教場所，印度神廟、錫克廟、耆那教廟宇和教堂等，只要摸清每個地方發放食物的時間規律，都能討到點什麼。缺乏的是穩定性、安全感，或許更多是一種自尊，那自尊不單指面對街居者外的社群，更包括在這共生有機體內部對彼此的看法和評價。

塔拉今年二十四歲，已是三個孩子的媽，卻仍一臉稚氣，神態如同青少女。大女兒帕拉薇今年八歲，說明塔拉青春期即為人母。回想起早晨為了避免人多口雜，我們走過幾個街區，到附近較僻靜的公園談話時，她仍得隨身抱著八個月大的黛薇，牽著兩歲的維罕。訪談的兩小時裡，她一直把黛薇抱在懷中，間中還餵了會兒母乳，黛薇雖沒哭但也不太有反應，時睡時醒，即使醒了也安分地待在塔拉懷裡。

雖然麗塔與塔拉承認彼此的母女關係，塔拉的故事一如麗塔的，同樣多所闕漏，甚至在關於自己的丈夫、父親與兄弟姊妹的部分和麗塔的版本產生矛盾，演變成一場羅生門。面對我的疑問，塔拉將兩人敘述中的矛盾處，都推給是母親用藥成癮導致的記憶殘缺不全所致。

然而，在與她倆分別的談話中，我發現關於敘述自己，她們總是顯得曖昧不明，但描述起對方時，卻又特別鉅細靡遺，她們歷歷勾勒那些貶低對方的細節，更令人難受的是，她們用來攻擊對方的點竟又不約而同是「與男人的關係」。

「我跟你說，你不要跟她說是我告訴你的……她最小的孩子不是她丈夫的，這真讓我這做媽的不知把臉往哪兒擱。而且，已經有小孩的人還不懂潔身自愛，懷孕時和上次女兒得水痘時都不知節制還繼續吸食修正液，也不管自己還在餵母奶。我才說她幾句，她就頂嘴和我大吵，甚至把我推倒在地。我不認這個孩子了，現在我和她沒有任何關係，他們好自為之吧。」麗塔說。

塔拉則否認麗塔嘴裡的小叔和他們有任何親戚關係，說他不過是她的一個新燕好，甚至控訴母親仍在賣淫。

「或許是為了賺錢養你們？」我試圖打圓場。

「我們還小的時候或許還說得過去，但現在我們都長大了，可以自己照顧自己。我們叫她不要再做這種下流的工作，她也不聽，她根本就是對性愛成癮。」

我內心感到迷茫而糾結。

「你要在夜深的時候來，才能看出真相。」阿拉夫和德凡許的評論聲又在心中響起。

「什麼意思？」

「這裡會停滿人力車，如果你待得夠久，就會發現不同的男人來來去去。」

曼森則更直白的說這裡的女人都與犯罪脫不了關係。「他們賣淫、吸毒、甚至販毒，衝突多是和招攬生意有關，她們口中的丈夫不外乎是客戶或皮條客，他們來來去去。」

但我仍無法接受這種說法作為最終答案，因為即便真是如此，那又如何呢？人們普遍相信，在街上聽到的故事參雜了事實以外的成分，但重點不在拆穿她們的謊言，而是走進她們的掙扎當中。

當她們需要藉由貶低他人來模糊焦點，以構建或映襯出自我的美好，內心難道真是對自己的理直氣壯？或許她們比任何人都更深知自己的不完美與殘缺，才必須編造一切。而社會該譴責的，真是這群女人嗎？或者我們該反過來問，社會真有盡到保護這群女人的責任嗎？不管她們在旁人眼中多麼不堪，她們仍認命且一天天慢慢地把孩子拉拔長大。

塔拉跑去對面了，一時半刻不會回來。這一側，甘佳則待在麗塔身邊幫忙做恰巴提。她們的爐子靠在圍牆邊，路邊的石塊成了小椅子。一人用水混小麥粉做麵團，一人撥弄著零散的樹枝生火。麗塔從麵團中捏起一塊，在兩手心中搓圓，再用擀麵棍棒推開成一個形狀勻稱的圓餅後，由甘佳夾到火上去烤。圓餅從受熱中心膨脹的像成顆氣球，直火燒烤的表面燙出點點焦色，幾秒後氣球洩氣塌平，她再用夾子俐落的翻面，將另一面烤出同樣焦色，完成後放到盤子上，準備繼續接過麗塔烤好的另一片圓餅。她們兩人節奏相當、合作無間，讓我看得入迷。

在街上也沒少做什麼家事，洗衣、煮飯、整理、餵養孩子等，不同的是少了四面牆壁，她們做什麼都被觀看。她們得聚集在一起，才能守住這片她們賴以為生卻沒有屏障的家園。

街邊有個孤零零立著、未完全撐開的帳篷，我問她們那是怎麼來的？她們會睡在裡頭嗎？她們說一開始會，現在則不。「之前有個組織來這裡發送，我們很高興，但後來下雨發現會漏水就不用了，反正他們也沒再來過……。」

不只如此，為了市容，警察時不時會來驅趕她們。「他們拆，我們就躲到別的地方，等他們走了我們再搬回來……。我們無親無故，只能待在這裡，或許直到老死，或是哪天死在警察的槍下……。」貓抓老鼠的遊戲，他們不見得想玩，然而這種爛遊戲，弱勢者沒有能力選擇退出。

天快黑了，我知道回到住處，自己將在能放鬆的安全空間，有張床與一夜好眠。但跨越三代的女人們，當陽光隱沒，到底該如何和那在暗處中放大的覬覦與惡意較勁？附屬於男人之下，為自己找個名義上的丈夫，以抵禦外侮或質詢？或是將劣勢轉為優勢，不再甘於只處於被動狀態，把揩油、騷擾、性侵等身體剝削轉變為使用者付費，看準男人的弱點並將此轉化為生財之道？嚴峻的生存條件使她們到最後已別無其他選擇，她們必得這麼做，才能在這男性稱霸的街頭生存下去。

原來，她們才是真正背起苦難十字架的人。這群不符合社會期盼的女巫，沒有純潔的形象，未能領受到當受害者的資格，或許這樣也好，反正，她們也不甘只是當個受害者。她們靠著建立起一種同伴情誼以彼此照應，但我仍擔憂她們彼此間的理解包容有天會被層出不窮的剝削給消磨瓦解殆盡。她們內化社會對她們的評價，將其中的醜惡投射於其他同船的女人之上，尚未長出質疑體制的能力，只能暫時繼續將解答的鑰匙交在男人手中。

註1：Penrose Stairs。潘洛斯階梯是一個有名的幾何學悖論，指的是一個四條四角相連的樓梯，以始終向上或向下的方式無限循環。但目前在三維世界沒人做得出來，仍是個悖論階梯。

無法生育的甘佳

卡拉女神的象徵

這群女人就住在卡莉女神廟旁。

印度教神話傳說中，當無役不與的女戰神杜爾伽（註1）遇上一個能從傷口中流出的每滴血，及被毀壞的每個殘肢中重新複製出自己分身的難纏魔將時，她第一次感到力不從心。無力抵抗滋生蔓延的魔障，眼看正義方就要被邪惡所滅，被逼到絕境時，杜爾伽眉頭深鎖，眉心間凝集一團怒氣，卡莉女神（註2）就從那當中走了出來。卡莉生於杜爾伽降魔不及的怒氣。

不同於杜爾伽的正氣凜然，卡莉雖生性天真，卻渾身充滿暴戾的原始暗黑力量。與杜爾伽的金光閃閃相反，卡莉的膚色是眾人摒棄的黑色，她從萬物未生之前的混沌中走出，未經馴服，具備破壞一切的神力。一見邪魔群起竄動，不由分說便大開殺戒，而當發現魔軍竟越殺越多後，她更展露血腥本性，吞吃殘骸、啜飲魔血，以斷絕他們繁衍重生的可能。那場神魔大戰，最後便是靠著卡莉的那不受束縛、恣意奔放的瘋狂本質而得勝。

也因此，卡莉女神的形象總是面目猙獰。唇上殘留著血跡，脖上掛了圈人頭項鍊，腰上纏著以斷臂接成的腰帶，她象徵一種「必要之惡」，若神不如此為之，世界將被邪魔統治。

只是單純的卡莉在降魔任務結束後仍不受控制，繼續欣喜若狂地跳舞，而她造成的震動亦有顛倒世界的潛力，若縱容她隨心所欲，世界仍會生靈塗炭。於是，她的丈夫濕婆神自願躺到她腳下，藉此緩衝她傷害世界的力道。她最後則是因意識到丈夫的犧牲而感到羞慚，才慢慢從狂怒又狂歡的狀態中平復下來，恢復理智。

在街上，如果不夠瘋狂或不夠暴戾，如何驅離迎面而來的惡？因此，「必要之惡」

必須存在，這稱不上是自願選擇，無非是讓自身得以繼續存在繁衍的窮途末路之法。所以在被言語或肢體騷擾時，甘佳早就學會如何瞬間變臉，從自身內在快速掏出「卡莉相」，不由分說便充滿攻擊性，那時的她和平常不同，有種豁出去的瀟灑和解放，看起來自信滿滿、不顧後果。

只是當惡離去，神明也突然下駕，乩身褪回原本的凡人，與先前的「非常態」產生一種斷裂。她們沒有與生俱來的神力，如果有，她們便能和卡莉一樣繼續無所顧忌地瘋狂，而若真有人能像濕婆神一樣接納她們不符常規的樣貌，或許她們也就不再需要擺出凶暴相了。理智是可以存在的，當被人理解和接納的時候。可惜，人終究不是神，人生故事也不是神話傳說，邪不勝正的理想不總一定成立。

甘佳，今年二十五歲，原是四個兄弟姊妹中的老大，母親早逝後，父親原想將所有孩子都託付給外婆，但外婆說自己養不起那麼多，只帶走當時僅七個月大的小妹。

自小妹被帶回西孟加拉邦後，他們再無聯繫，小弟則被送去社福機構。爾後，父親消沉並酗酒，他們開始付不起房租，最後乾脆露宿在新德里火車站，靠幫人挑行李維生。有次父親喝酒後對她有不良企圖，她無法忍受便帶著大弟出走。一轉念便成了街童的她，當時才八歲。

孤苦無依的孩子幾難自立，但他們會群聚在一起互相依靠。膚色黝黑的甘佳認識了比她年紀稍長來自尼泊爾的安娜，她也獨自帶著弟弟四處流浪，同樣困苦的背景使他們凝聚起來，四人混在一起撿破爛賺錢，只要好玩或有錢賺，他們什麼事都敢做，曾偷溜進電影院看電影，還染上吸食修正液這種廉價毒品的習慣，只因他們必須讓自己有點瘋狂，才能面對這不合理的癲狂世界。嗑藥成了抵達瘋狂的一條捷徑，在藥效發作的短暫時光裡忘卻自我，拋開道德和旁人眼光的束縛，那是清醒時的自己一直想做卻做不到的事。

但街上生活畢竟不容易，當遊蕩到卡莉女神廟附近，他們認識了麗塔，為了安全，他們自願納入麗塔家庭的生活體系，在他們占據的人行道旁一起住了下來。甘佳在大家面前喊麗塔「媽」，也對麗塔最為照顧，但進一步了解她們的故事後，才發現甘佳與麗塔並無血緣關係。

「那你為什麼叫她媽呢？」

「沒為什麼，只是為叫而叫罷了。麗塔對我也不是真的好，要跟她們一起生活時，麗塔說要住在這裡就要做許多工作，但事實是，他們什麼事都叫我做。麗塔雖說要和塔拉切斷關係，但吵架時，她還是向著女兒。你不要跟他們說這件事，有次我和塔拉為了十盧比吵架，結果他們聯合起來用掃把打我……。如果可以，我才不想跟他們住，也不想住在街上……。」

甘佳把和麗塔家族同住形容成一種權宜之計。她不是沒有離開過，但迫於現實常又回到這裡。

依附麗塔不是長久之計，好好找個對象才是，於是她也很早就結婚了，她甚至記不得當時年紀多大。街上的依附關係，不以男女朋友稱呼彼此交往，直接以丈夫妻子互稱，才不會惹人閒話。然而，街上的婚姻關係，就算沒有正式的婚禮儀式，但若說不正式，就是忽略了婚姻相關詞藻中隱含的規範效力，對他們來說仍挾帶強大無比的力量。

他們早已習得社會對男人女人應如何履行婚後權利義務的期待，例如相信女人是男人的所有物，而男人必須保護家中的女人，文化中的父權價值依然宰制街頭，若有人踰矩，往往遭人非議。

初識甘佳時就看見她左眼下有道長約兩公分的刀疤，令人難以忽略，但一直忍住沒問是怎麼了。某次談話，又不經意從她放鬆垂下的雙臂，看見左手內側布滿一條條平行的刀疤，像是自殘的痕跡。

「那邊怎麼了？」終於鼓起勇氣問。

「喔，那時我愛上桑傑，想離開羅西，他不願意，就百般折磨我，我太痛苦不知如何發洩才割的。」甘佳說的雲淡風輕，右手輕輕撫弄微凸的傷痕，不再試著遮掩。

「痛嗎？」（話一出口，我就後悔問這什麼蠢問題。）

「不會，自己可以控制痛的程度。」

談到遭受其他男人侮辱或侵犯時，甘佳身體的每個毛孔都溢出憤怒氣息，但談起第一任丈夫羅西對她的虐待時，那些義憤填膺卻黯然離場，徒剩不具建設性的無可奈何。彷彿婚後她的身體便不再完全屬於自己，使她必須藉由自殘行為，重新確認身體仍在自己的掌控中。

「他不讓我走，恐嚇我和身邊所有人。我沒辦法，只好繼續和他在一起。那些日子很痛苦，難過時就想割自己。」無法往外釋放的怒氣，她只能回過頭發洩在自己身上。

「更年輕時，曾有個幫派大哥逼我和他『在一起』，他很有勢力，說若我反抗就要殺了我。羅西那時不在，我只能順從。後來羅西知道了，就罵我背叛他，還狠狠打我，後來每次喝醉酒都會對我動手。」眼下的刀疤，就是羅西當時在她臉上留下的。

「那你最後怎麼離開他的？」

「我沒有離開他，有天他吸毒過量，就這樣死在街上，別人告訴我我才知道。」從甘佳的語氣和表情，看的出來她從未在羅西面前負氣鬥狠。不知她究竟吃了多少苦頭，只知道她咬牙撐過來了。

八月的乾燥午後，只要一起風，地上的黃沙便被掀起，我怕灰塵扎眼嗆鼻，不禁舉手掩面，對坐眼前的甘佳卻不動如山，視線越過我肩線望向遠方，不笑時唇線透露出一股堅毅之氣。但我仍覺得甘佳的整體形象變幻莫測，搞不懂她「是可忍，孰不可忍」的底線，卡莉女神義無反顧斬妖除魔的氣勢，似乎一旦遇到「丈夫」這角色就光芒盡失了。還是其實連這番行徑都未與卡莉女神的形象相左？當卡莉發現丈夫濕婆被踩在自己腳下時，吐了吐舌頭以示羞愧，若連神話都如此暗示，莫怪逾越丈夫是甘佳不敢踏上的禁地？

關於工作，甘佳沒有絲毫閃躲，神色自若提起自己曾當過性工作者。

「認識的人問我要不要去當幫傭，幫人打掃房子，去了後才發現是要做別的事。他們把我們關起來，不讓我們離開。」她被軟禁在那裡許久，每天被迫接客，但她沒有表達對此事的憤恨，承認自己藉此賺了一些錢，直至生病才不得不離開。

「那你還會想做嗎？」

「當然不會！倒不是我覺得這工作有什麼問題，而是生病時，沒人會照顧你。我病到都無法起身了，但沒人關心我，甚至沒人願意為我倒杯水，還好最後有位大哥送我到醫院打針，我才慢慢好轉。我真的怕了，做這種事對自己沒有好處。」

但即使她之後對這行業敬而遠之，其他無家者女性知道她的經驗後，也曾主動接近她，希望她幫忙介紹工作。

「我跟她說：『這是你的選擇，你可以去做但不要牽連到我，我丈夫知道的話會打死我。』那女人不只把賺來的錢供孩子念書，還拿給丈夫用，但當丈夫問她怎麼有這些錢時，她就說自己去工作。只是沒說是做這種『壞工作』。」她最後還是加了這一句。

「如果要做，就要做的像我朋友安潔莉一樣。她以前遇到很多壞男人，被拋棄好幾次，後來她想，如果這就是她的命運，那還不如選擇主動出擊，靠賣身多賺一點。你知道嗎？生活無虞後，她幫自己買了間房子，還幫自己找到丈夫，甚至連小孩都生了。」安潔莉無疑是甘佳心中的成功典範。

因此對甘佳來說，從事性工作是個人選擇，別人沒有立場評斷，但她還是會勸朋友不要去，而她的理由是：「只有丈夫會照顧你的身體，其他人才不管。」甘佳的論述似是而非，這便是處理兩性間壓迫的最大困難。若女人期待丈夫成為保護者，她們便得把自己擠進「值得被保護的框框」裡，但當丈夫未盡保護之責甚至反成為加害者時，女人就算多想為自己挺身而出，也必須繼續假裝自己還在框框裡，以免因破壞男人自尊而遭受更多的壓迫。

「再跟我談談桑傑好嗎？」不知誰幫甘佳在右前臂用簽字筆畫出「桑傑」斗大的名字，這是她口中的現任丈夫。

講到桑傑，甘佳整個人都亮了起來，臉上多了笑意，還伴隨著希望的影子。

「桑傑是好男人，他有正當工作、不吸毒。如果我生了孩子，羅西只會讓他上街乞討，但桑傑和我會好好養育他們。」

關於桑傑，甘佳不太講現在和過去，話語時常流連在勾勒未來。桑傑在甘佳的故事裡是個「好男人」，有點像是救世主的角色，而他的固定工作與收入，則代表穩定生活和全新的生命意義。

「其實桑傑不喜歡我和麗塔她們混在一起，我們在存錢，希望能趕快脫離街頭。這個月二十號，當桑傑領到薪水，我們就會去找一間房。」但當問桑傑在哪裡工作時，那答案又開始飄忽不明。我決定不多追究，就讓它隨風而去。

甘佳說桑傑每個月可賺六千盧比，但光房租就要三千盧比，維持生活不容易，他們才會在街頭來來去去。她也想工作分攤家計，卻只找得到零星的打掃工作。除了無業，甘佳最大的遺憾是沒有孩子，她把自己的不孕歸咎於吸食修正液的習慣，並因此自責不已。

「每當看到別人在吸，我就控制不了自己。」

「吸毒給你帶來快感？」

「並沒有……。離開街頭後我不會再碰，會為未來著想。看看這些人，他們什麼都不在乎。但我會有個家，並按時付租金，我會認真思考那些。吸毒感覺並不好，每次看他們吸，然後跟著想吸的感覺真的很差。」對甘佳來說，打破惡習的方式，在於建構對美好未來的想像。

「我也曾想領養黛薇，但是塔拉不肯給我。這世界真不公平。塔拉以前有個孩子在街上被人拐走，她應該去警局報案請他們搜索的，但她沒有，甚至還讓其他小孩上街乞討。如果是我，絕不會做那種事，我不會讓他們經歷我所經歷的，也不想教導他們我在這裡學到的。我會送孩子去上學，還要讓他們下課有『家』可以回。」

無法孕育孩子的遺憾，影響了甘佳的自我價值，是因為這樣她才想得比其他人更多一點嗎？從她言談中能感受到，她是這群女人中最渴望脫離這裡的。

沉默一陣，甘佳突然語重心長的開口：「這裡沒有哪個人是無辜的。」

我不禁心一揪，感受到藏在那話裡的自我貶抑，嘗試把話題引回至她對未來藍圖的想像。

「若你真離開，其他人會怎麼想？」

「他們會開心啊，因為要是這樣他們就有更多空間可以使用。沒有誰真的喜歡誰，這裡沒有真正的友誼。」

「那你離開後，會想念這裡嗎？」

「我不會想念這裡的人，但我會想念卡莉女神廟，我從小在這裡長大。」

即使街邊生活紛紛擾擾，儘管甘佳說出許多不滿，我仍佩服她勇敢面對自己的不堪，更感動即使有這些委屈，她繼續幫麗塔做飯，幫塔拉顧小孩，就像培拉幫哈莉莎做飯一樣，這樣的彼此容忍與付出，難道不正是種愛的表現？

註1：Durga。印度教女神杜爾伽是濕婆的妻子，雪山女神帕爾瓦蒂（Parvati）的化身，形象是驍勇善戰以降魔。

註2：Kali。印度教女神卡莉，也叫迦梨，是從杜爾伽又再分出來的化身，亦是印度神話中最爲黑暗和暴虐的女神。

為母則強的拉達

勵志故事的背後

一九九〇年，十九歲的拉達，帶著自己三個月大的女兒和七十盧比，從瑪哈拉許特拉邦（註1）的浦那（註2）跳上火車，來到德里，展開全新的生活。她在月台上睡了八天，中間不乏有男人向她靠近，但當時還不會說印地語的她，一句話也聽不懂，她只能從那些男人的眼神或語調去判別他們是真的想幫忙，或只是在調戲她。但反正，她已暗自下定決心不要再輕易相信男人。

這是義無反顧的離開，也是無路可走之下的選擇。她已失去過一個女兒，不能再失去另一個。當人們覺得身處煉獄時，只想逃開，哪還有餘力去想像世上可能有比煉獄更糟糕的地方。如果不走的結果是死，那麼出走又會差到哪裡呢？她只能放手一搏，將一切再度交給命運。

一開始不是這樣的，她也曾有過美好的童年，雖然她自己也不記得，都是從大姊那兒聽來的。拉達出身婆羅門種姓，是家中七個兄弟姊妹中年紀最小、最備受疼愛的。但三歲時，父母因車禍雙亡，兄弟姊妹則被不同的親戚收養而各分東西。手足們被不同的叔叔、舅舅們收養，而她則被當時年僅十七歲、剛出嫁的大姊帶到夫家，在那裡被撫養長大。從那時起，生活開始變調。

「我在那裡並不快樂，姊姊的婆婆並不喜歡我，常說我在那裡吃白飯，是他們的負擔，所以我從小就要做好多家事。我最喜歡的事是上學讀書，在學校沒有人會欺負我，但他們不想讓我繼續念書，只讓我讀到八年級。」

剛滿十五歲，姊姊就讓人為她做媒，一等到十六歲法定結婚年齡，她便被安排出嫁。那時的她還對婚姻滿心期待，以為結婚代表的是童年受苦生涯的結束，但好夢並不持久，她很快夢醒，發現自己不過是跌入另一個困境。

「他們嫌我姊姊給的嫁妝（註3）太少了，所以也是什麼事都推到我身上，我什麼家事都要做，要照顧丈夫、公婆，還有小叔、小姑。」

婚後一年，她在醫院產下一女，但醒來後沒見著自己懷胎十月的女兒，家人只說女兒生下來不久便夭折了，她說什麼都不相信。不久後她再次懷孕，這次她拒絕上醫院生產，堅持讓產婆來家裡。孩子平安出生，卻又是女兒，然而除了她，全家沒人歡喜這個孩子的到來。女兒快滿三個月時，有次丈夫喝醉酒向她發脾氣，嘲諷她肚子不爭氣後對她動粗，但讓她最無法忍受的是丈夫把女兒重摔在床上，表明不想要這個負擔。她擔心若再這樣下去，女兒可能在自己家裡遭遇不測，於是為了保護孩子，她毅然決定要離開。

說著這些遙遠過去的拉達，已經為人祖母了，與她聊天時，她七歲大的孫子烏拉吉便安靜地在一旁玩耍。而我們會面的地點，是喀什米爾門地鐵站旁，人潮熙來攘往的德里長程公車轉運站（註4）大樓。這個長途車集散地像是北印度的心臟，不停匯集從印度各地而來的人，也從不間斷地將人送至印度各地。大樓的外觀看來氣派新穎，為了安全起見，進去前人人都必須先將隨身物品過X光機做安檢，確保沒攜帶任何危險物品。對比起大樓外忙碌壅塞的街道，裡頭著實寬敞乾淨，且在悶熱到動不動就逼人出汗的八月天，室內竟吹送著令人感恩的免費冷氣，也莫怪在我們旁邊的空地，還有十來個男人隨意躺著打盹。見過許多不堪的睡覺環境，這裡提供的睡眠品質堪稱得上極品。

這裡幾可說是拉達的家，她二十五年的人生，就跟著長程公車轉運站一起演進、衰退又重生。從她的生命史，人們便能窺見德里這區的城市發展史。她說這裡是二〇一三年才完全改建好的，在此之前破舊髒亂許多，她又指了指不遠處的公廁，說自己在那裡工作了二十年。

時間回到一九九〇年。

德里火車站月台這種不停送往迎來之處，對不知該去哪兒的拉達來說是很好的暫時棲身之所，她知道在哪裡可以好好休息，而不會遭到騷擾。但女兒發燒需要看病，她只好離開車站，轉而到附近醫院的外頭乞討。幸運的她遇到一位來自塔米爾納度邦（註5），又會說瑪拉提語（註6）的護士，她於是向護士娓娓道來自己的故事，表示自己需要幫忙。

護士想了想，問她願不願意工作，她知道附近有座醫院正在施工，或許會需要人手。她帶拉達回家，並安排她住在家中的僕人房。就這樣，寄住在護士家，又透過護士介紹，拉達開始在工地一邊顧小孩，一邊安排管理工人的出缺勤，工資一天十五盧比。工頭對拉達的精明能幹印象深刻，於是三個月後，介紹另一份在公車轉運站的工作給她，要她負責清潔與管理那裡的公共廁所。

公車轉運站是公營事業，所以比工地更加穩定有保障。管理公廁的方式是在公廁門口向欲使用的人收取五十派撒（註7），而拉達每天須固定繳回七十盧比給工頭，剩下的就是自己當天的薪水，大約介於十五至二十盧比不等。工資雖不高，但好處是她能睡在廁所的儲藏室，每天的餐食則可以到政府部門的員工餐廳去買，一整天只需花五盧比就能獲得溫飽。就這樣，即使環境嚴苛，她為自己培養了存錢的習慣，並在那裡工作了三年多。

那幾年，她的存在和車站公廁緊緊相依，那是她工作的場所，某種程度上也算是她的家。但一九九六年，當政府把公車站的經營權收回後，身為大體系裡一個小螺絲釘的拉達，無預警的失業了，更糟的是，她同時失去了身體上的安全感，真正成了無家可歸的街友女性。

在公廁工作多年使她見多識廣，加上本身強悍性格，拉達沒有坐以待斃。她曾參與一群非營利組織為此事受波及的勞工所組成的抗議團隊，要求德里政府還她一個工作機會。政府答非所求，承諾將像她這樣的女人送到收容街友女性的庇護所。她則反駁：「如果要去，多年前來到德里時我就可以去了，不必等到現在。」語氣裡充滿身為獨立新女性的驕傲。

無奈抗議並沒有激起政府的積極處理，無處可去的她只好再回到公車站附近，靠著存下來的錢（約一千五百盧比）在路邊開了一個小雜貨鋪，晚上就睡在雜貨鋪旁。她說：「那段生活是我人生中最大的挑戰與掙扎，晚上賣完東西我只能睡在車站附近，警察有時來趕我們走，隨便一個醉漢都有可能來睡在我們身邊。為了女兒，我每天都得奮力反抗。」語畢，拉達把遮住下腹部的紗麗撩開下翻，露出一條頗粗的刀疤。

「被別人砍我也不怕，人家拿刀我就拿磚塊砸他們的頭。年輕時吃了很多苦頭，但我都咬牙撐過來了。大家都說我瘋了，不敢惹我，因為他們知道我敢做瘋狂的事。」拉達說，她不怕別人說她瘋了，反而還希望別人這麼說，因為這個太常被套用在無家者女性身上暗示精神有問題的形容詞，對她而言反而是種保護。瘋狂意味著不合常理，代表難以預測，可以使人卻步，如此她才能為自己在街頭保留一點空間，清醒地躲在瘋癲的外殼裡。附近的人對她是既害怕又尊敬。

四年後，風水輪流轉，終於又轉回來她這邊。當重新落成啟用的車站重新開缺徵求公廁清掃員時，拉達基於過去的優良表現，再度爭取到那個工作。這一做，一晃眼十多年又過去，說起這些年，她幾乎沒別的好說，開口閉口都是女兒的事，講自己怎麼努力存錢讓女兒去補習、學電腦，供她讀到十二年級畢業，說到興奮處，她還拿出女兒的大頭照、影印的獎狀與證書，以證明和誇耀女兒如何優秀，如何完成了她所不能。任誰都看得出，使她能堅強起來，一直支撐她人生重心的，就是女兒。

然而，轉頭看到拉達七歲的孫子，再推算女兒的年紀，我不免有些困惑。「女兒是幾歲結婚的？」我問。

拉達不疑有他，驕傲的神情依舊散發光芒，自豪地說出她在女兒十七歲時就為她安排好了婚事。「我幫她找到了一個好人家。我的親家是德里運輸公司的監工，因為工作的關係我們認識很久了，他知道我很敬業，所以一直都像兄長般照顧我。我總是時時刻刻擔心她的安全，幫她找到一個好人家我才能真正放心，賺的錢都投資在她身上了，絕不能讓她和我一樣睡在街上。」拉達露出得意洋洋的神色。

但事實是，為了幫女兒辦場盛大的婚禮，拉達幾乎花光自己多年來的積蓄。辦完婚事，她也沒錢繼續住在當初和女兒一起住的小房間了。這七年，她有時住在公車站大樓，經濟情況好點時，則租個小房子。生活湊合著過，偶爾還要幫忙看顧孫子。

我只能在心中喟嘆，卻說不出口。拉達的勵志在於，在自己的生命歷程上，她成功地抵制了以夫為天的箝制，逃出了父權婚姻體制中的掌控，藉著對母親角色的認同，一路呵護並培養女兒長大。知道教育的重要，所以堅持讓女兒上學，但到頭來，受教育的目的卻好像只是為了提高女兒在婚姻市場中的價值，顯示她未再進一步質疑這個壓迫的體系，仍舊吸收了父權觀念。

母親保護女兒是天經地義，但當女兒成為女人，母親突然就不再是適任的保護者了，仍舊把婚姻和丈夫視為對女人的終極保護。或許思考的動機不同，但拉達無異是複製了大姊對自己的所為，等不到女兒能自己獨立思考判斷，就把女兒推進婚姻。這是幸？還是不幸？難道到了最後，一切還是只能交還給命運？

然而，相信以拉達的個性，她必定是已做過諸多考量的吧！她或許已是在眾多爛蘋果之中，選了最好的一個。女兒正值青春期，若哪天她的經濟狀況又負擔不了一個安身之所的話，不論是女兒的安全或名聲，都可能轉眼間便毀於一旦，到時再想辦法就來不及了。

如何才能擺脫這個惡性循環？若這個社會能對女性更友善，並對受暴逃家的婦女有更多支持與服務的話，她說不定也可能會改變想法，願意讓女兒繼續讀書，不再將婚姻視為幸福人生唯一的解答。

註1：Maharashtra。馬哈拉施特拉邦位於印度中部，西臨阿拉伯海的一邦。
註2：Pune。馬哈拉特拉施邦的文化首都與第二大城，第一大城是孟買。
註3：The Dowry Prohibition Act, 1961。印度自1961年起明訂嫁妝禁止法，廢除嫁妝制度，但民間仍多沿襲此習俗。
註4：Marathi。瑪拉提語是瑪哈拉特施特拉邦的通用語言。
註5：Inter State Bus Terminal—ISBT。
註6：Tamil Nadu。位於印度南部，南臨印度洋，東隔孟加拉灣與斯里蘭卡相望的一邦。
註7：Paisa，印度舊制硬幣，一百派撒等於一盧比。

裂痕

當一個人訴說的生命歷程是零碎、跳躍而不連貫的表達時，我們該如何看待？記憶原本就有虛構的成分，而個人歷史的重要性或許必須首重當事人附加於其上的意義。我看著成堆凌亂謄寫的筆記，還是感到卡在某種突破不了的框限。明白自己極度依賴語言的合理性，並將思考建構於其上，但到了街頭，卻發現這套慣用邏輯不怎麼靈光，原先期待能抓住一些穩固事實，但當不同人勾勒出不同版本的故事，甚至連同個人也無法完整清楚地重複講述時，我免不了被那些相互矛盾之詞所迷惑，甚而感到困頓。

許多受訪者早年輟學、不識字，不記得自己的生日，無法正確指認親人的名字，對生命中各事件的發生順序似乎每次總有更動，這究竟是自然現象或刻意偽裝？然而，自己同時也明白語言的重整能力是必須透過實踐才能建構的，回想自己參與心理諮商的過程，想必我對陌生人訴說的故事，一開始也是雜亂無章且破碎不全的吧。但正是透過那些七零八落的敘述過程，自己才能重獲對事件的洞見，甚至深入明瞭事件對自己的意義。

既然如此，就如同致力於為慰安婦發聲的蘇貞姬（註1）學者所說，碎片化而不一致的口述歷史，並不減損其存在的價值與真實性。

正是在這種狀態下，我遇見了拉達，而她的言說則讓我徹底見證了教育的強大力量。當許多故事或資訊常以天馬行空的姿態飛躍進對話場域中，使我無力理解而只能全部收納網羅時，我卻在訪談拉達時，看見她懂得如何利用轠繩馭馬的形象。不誇張的說，拉達是唯一不需我提問或引導，便能自己開口「鋪陳故事」的人，她甚至知道怎麼抓住聽眾的耳朵與好奇心。例如，關於年代的掌握清楚明白，故事以順序法貫穿全局：人物的行為亦與動機緊密相扣，創造出高潮迭起的變化。經她口揭露的人生故事，細節與轉折都清楚明確的像是本結構嚴謹，充滿起承轉合的章回小說，就連結論的註腳都如此強而有力：「其他女人沒有奮鬥的理由，但我女兒就是我的力量，我為她而活！」

說故事時，她的自信閃現耀眼光芒，不若其他人自動成為受訪的被動態，和拉達在一起時的動力幾乎是反客為主，她掌握大半的發言與詮釋權，搖身一變成為主導節目走向的主持人。更厲害的是，縱使只會說幾個簡單的英文單詞，多數時候仍以印地語表達，她不在乎我懂不懂，說故事時眼神直勾勾地盯住我，像要把我看穿，用這姿態把我說服，或是趁機挖出我內心深處隱藏的什麼一般。

連阿拉夫都承認，拉達是極具號召力的。前些年，當貝格哈基金會仍從德里城市庇護所改進委員會承接營運雅穆納河畔附近的一所單身男性街友庇護所時，拉達曾在那邊幫忙煮飯。而那不是件簡單的差事，食材是超過百人的份量，不能偏廢營養，還要自己生火才行。阿拉夫說她廚藝好，為人豪爽，且能歌善舞，大家都喜歡跟她相處，而她古道熱腸的俠義性格，堅忍不拔靠自己一人獨自把女兒拉拔長大的毅力，更讓眾人欽佩。她亦具備不惜與人逞凶鬥狠的膽識，毋寧說，人人都敬怕她三分。

然而這樣的聰明果斷與組織力，在觀察到她的一些小舉動時，卻也讓我倍感壓力。

拉達太會說故事了，一路沒停，我雖聽得入迷，但內急逼人，好不容易趁她講到個段落才不好意思打斷，提出休息十分鐘的提議。快步跑去廁所，發現拉達緊跟在後，解手為要，顧不了陪她，卻在進門後聽她和清掃員熱絡的聊起來，才知道她其實沒有要上。

等我到洗手台前，她忽然一把湊近說：「這女生（指清掃員）很可憐需要幫助，如果你也想聽她的故事，下次再來找我。記得不要讓阿拉夫哥知道，他意見很多。」

我從鏡子對她輕輕微笑示意，卻不解有何不能讓阿拉夫知道的理由，畢竟他才是在地的工作者，更甭提是介紹我們認識的重要橋樑。

「我真的很想介紹我女兒給你認識，而且還有更多故事可以說，三天三夜都講不完。」拉達繼續說。若沒有前面的「記得不要……」，我應該會為這提議興奮不已，但那時的我卻不知該怎麼回應了。

見我沒應聲，拉達突然又態度一變的說：「剛跟你說我到街上後沒遇到對象是騙人的，我不想讓阿拉夫哥或其他男生聽到，他們都不是什麼好東西！你知道蘇瑞卡吧，阿拉夫哥帶她去旅行，外面都傳的很難聽，說他們兩人之間有什麼，所以我根本不相信他。你下次要是自己一個人來的話，我什麼都能說。」

我先是一愣，繼而湧上的是股難以言喻的不適感。本想解釋什麼，卻還是決定作罷。阿拉夫確實提過他曾帶蘇瑞卡和其他幾個街友倡權團體的成員一起到南印度考察，學習不同城市回應街友問題的不同施政方針，甚至還曾暗示蘇瑞卡是「標準的性工作者」，但這也不代表什麼。每個人從自己看到的部分真實去推估全貌，都難以避開斷章取義的謬誤，而若觀者已有成見，不管再多給什麼資訊，也只會落入越描越黑的窘境。

又是一場羅生門，但這次我並非因訊息的真實性與否而困擾，難以接受的是，為何拉達在廁所外是一個樣子，進廁所後立刻又變成另一副嘴臉。無法確認她的真誠，而那情緒顯然已影響我繼續談下去的意願，只好跟她另約隔天。

離開長途公車站，誹謗和離間的氣味仍迴盪在空中，一如往常地與阿拉夫在熙來攘往的街道上共同回顧談論當天的經歷時，忍不住提及拉達在他背後的議論。沒想到，未生氣亦無澄清，阿拉夫聽了後只平靜的說：「我沒辦法去封住他們的嘴。如果每個人提出的要求我都要回應，我就不只是我，而是超人了。我只能盡我所能的去做，而你只能相信你選擇相信的。」阿拉夫甚至不反對讓我單獨和拉達會面，或許他心中仍是那句老話——街頭的戲劇性，每個人只能靠自己經歷。

約隔天一早碰頭，時間到了卻不見阿拉夫身影，也聯絡不上他。他遲到許久後我們好不容易找到拉達，她卻對我們生氣，甫碰面就趕著要走，只說了明天再見。第二天，拉達卻避不出現，電話也不開機，我們只能用等待來彌補前一天的過錯，接受這是街頭的常態。第三天，拉達雖現身，卻換阿拉夫不來了，曼森要接受一研究生的採訪，叮囑年輕的大男孩欽納負責照看我們。

「以後你想知道這區無家者相關的事就直接找我，不要再透過阿拉夫哥好嗎？我真的再也不想見到他了。你知道嗎？我在庇護所幫貝格哈基金會幫忙煮飯，他們卻一毛錢都沒有給我。說好一個月應該給我三千五百盧比，但他都把錢私吞了。口口聲聲說要幫我們，然後呢？不過是把我們利用完就走了。」趁阿拉夫不在，拉達展開猛烈的抱怨攻勢。

這是我不曾聽聞的歷史，當下不知該如何回應，只好將眼神投向欽納求救。這些日子每次上街，欽納幾乎每次都在，阿拉夫曾說想把他培養成未來工作的接班人。他今年二十八歲，雖然只讀到九年級，也不會說英文，使我倆礙於語言無法好好交流，但看他夜訪時總是認真和街頭人們交談搏感情，聆聽他們的疑難雜症，並向對方解釋他們的權利時，我知道這個大男孩既懂事又有責任感。

欽納沒預料到我會看他，露出遲疑的表情，爾後反而不安地望向拉達，怎知拉達竟劈哩啪啦的對他說起教來。

「不信你問他為什麼會在這裡？問阿拉夫哥是不是很久都沒有發薪水給他了？他留在這裡是為了等阿拉夫哥還錢給他，他才有本錢回鄉下去結婚。」拉達轉過身來，露出不容質疑的神色。

「真的嗎？欽納？」欽納現在寄住在阿拉夫家，我幾乎要以為他們的關係情同父子了，怎知平時多半只是安靜微笑參與的欽納，突然在拉達的鼓舞下在我面前緩緩說出隱情：「我需要錢，每次媽媽和姊姊打電話來問我什麼時候回去，我都不敢跟他們說我還沒拿到錢……，我不知道阿拉夫哥在想什麼……。」

在家中的八個兄弟姊妹中，他排行老二。阿拉夫是他同鄉的長輩，有次回鄉時問他要不要來德里幫貝格哈基金會工作，他很想到城市看一看闖一闖，一來便也待了三年。他雖認同並喜愛街頭工作，卻無法忽視阿拉夫已拖欠他十個月薪水的事實，去意漸漸萌生。

我原先建立的理解則因欽納突如其來的吐露而忽然變得搖搖欲墜，信任頃刻就出現裂痕。

「女孩，這件事你別管，我們已經在聯合一些以前為貝格哈基金會工作過的夥伴們，要一起組織抗議，叫阿拉夫哥出來負責，不能讓這件事就這麼算了！我看得出你是個好人，以後你還有什麼想知道的，就來這邊找我吧。我還要去接我孫子下課，再見！」語畢，拉達又像一陣風似的飄走了，徒留我自己咀嚼這一切。

街頭之深奧，背後錯綜複雜的關係纏繞無解，並不是我想劃定某個範圍，就能清楚搞懂的。我著實像隻誤闖叢林的小白兔，頭上的闊葉阻擋了陽光灑落，身旁的蕨類猖狂生長，各種鳥獸昆蟲兩棲類動物合鳴奏出多重的樂章，使我分不清東西。以為自己擅長奔跑，便奮力向前衝，猛一抬頭才發現早已迷失方向，更不知自己無知的舉動是否已引起森林猛獸的眈視覬覦。

開始自我懷疑，但即使有道德上的疑慮，卻也不知該如何停下腳步。當拉達跟我抱怨阿拉夫時，我不知如何是好；當阿拉夫的得力助手欽納也公開自己的困境時，我更是失了準頭。我既是乘著阿拉夫駛的船而來，又要如何繼續面對帶我行過諸多峽灣的船長？自己真有足夠智慧去面對這一切嗎？

曾以為迷失在謊言中，急於尋找真相，卻在經過很長的沉澱後，才發現是自己無法想像與接受那複雜無比的真實。它不若點線面那般直觀，大概更像量子運動那樣充滿難以想像的變異，我們只能極盡謙卑的嘗試去靠近，但也要明白靠近本身就會使其產生變化。自己終究不是局外人，不能妄想要掌握全局。

當故事裡的每個人都有難言之隱，那種灰暗的堆疊，比起極端的窮兇惡極更令人難以參透，卻又更需要細膩且耐心地去體會感受。

即使再義無反顧的光明，也有無法穿透的東西，陰影從此而生。

到了街頭，才發現善惡從未對立，而是密集交織的一體，相生相剋、相剋又相生。為了生存，動物性的本能如攻擊、掠奪、貪婪，比平時來得更加迅速而無暇偽裝。在有限資源面前，人們脫去了有禮的裝飾，在領取食物時爭先恐後，能貪多就貪多，先拿到再想要不要分享，倒不是因為有多壞，只是厭倦或害怕了匱乏而已。但令人動容的善卻也未曾就此滅絕，若能稍感安全無虞，沒人會永遠獨占食物，搶到的下一刻，他們又樂於大方拿出與人分享。

註1：Sarah Soh。韓裔美國籍社會文化人類學者，著有《慰安婦：韓國與日本的性暴力與後殖民記憶》《*The Comfort Women: Sexual Violence and Postcolonial Memory in Korea and Japan*》，提出慰安婦不單只是日本軍隊暴行的受害者，韓國的父權主義亦是造成她們受苦的兇手，爲慰安婦議題提供新的洞見。

【後篇】

省思

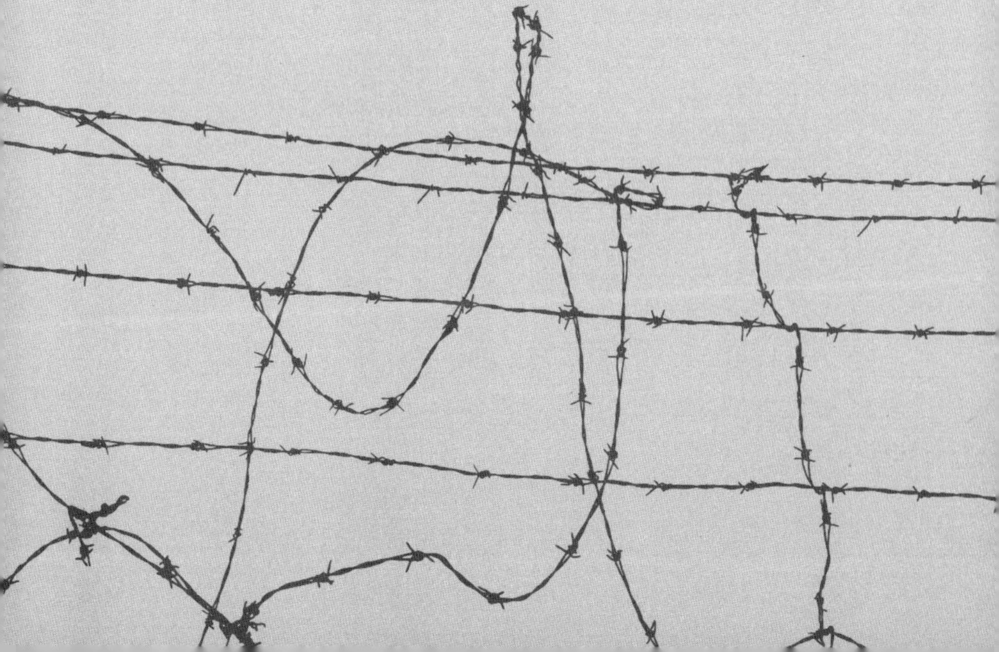

庇護所的興衰史

曾有一群街友權益倡議者，認為提供住宿環境是組織街友最重要的事。他們曾試圖向政府申請將年久失修或廢棄不用的建築物，改裝成無家者的庇護所，也曾說服過教會創辦的私立學校，開放晚上沒有學生上課的閒置教室給無家者借宿，城市一度傳出互助合作的共榮氣息，正面漣漪似乎正在擴散，他們期許遊說更多公民團體與公司行號響應加入，藉此改變印度德里夜間的面貌，也相信自己正在一步步扭轉民眾對無家者的刻板印象。

他們推出新概念與政府單位協商，並遴選認真上進的無家者起身領導，為使他們的身分轉變成為其他街友奮鬥的典範，先讓他們從管理夜間庇護所做起，再逐步賦予他們更多責任，並繼續從中尋找更多適當的人才。他們期許這種有紀律的自發管理制度，能提升被拔擢成幹部的街友之自信心，更重要的是，他們相信這種自助團體會比其他人更了解彼此的需求。

這是來自民間團體自動自發匯集而成的力量，以創新的方式，進而推動政府和大眾一同回應社會議題。街友間漸漸有了股凝聚力，當他們開始被別人信任，自己也變得更有自信。雖然擔任庇護所管理員的收入，不見得比去建築工地搬磚鋪地來的高，但這份工作給人榮譽感。原本彼此連結不深的街友們在認識這個系統後，也慢慢敞開心胸，主動參與討論共同的訴求。

他們甚至開始組織抗議，例如透過串連遊行罷工來表達政府政策未有對非正式行業保障的不滿。這群原如散沙般散居各處的街友，如今開始在夜間庇護所裡建立起有意義的社會連結，他們屬於同一群體的社會網絡正被組織起來。於是，透過幾個團體的努力，德里庇護所的數目從一九九六年的十七間，在二〇〇三年躍升至七十七間（其中十七間為永久型建築物、六十間為鐵皮組合屋，冬季另有五十個帳篷式庇護所）。

然而弔詭的是，庇護所數量的激增反倒使街友的倡權運動走下坡，一來是當時主要的倡議團體無法負荷承接這麼多庇護所，導致許多其他非此專業的社福機構也來申請，但當各組織分別承包不同的庇護所後，又只專注在經營各自的區域，使得大規模串連的街友倡權活動不增反減。

對德凡許來說，經營庇護所不該只從人道慈善的角度出發，更應把那裡經營成一個促進無家者彼此連結和傳遞新知的培力熱點。然而，縱使參與街友服務的機構越來越多，許多卻不具備這樣的認知，在他擔心增闢庇護所的政策趨勢將模糊「改善街友整體生活」的焦點時，二〇〇五年，政府又伸出另一隻手，無預警地關掉幾間庇護所。往後，庇護所的數量仍不時有所消長，但都差異不大，可惜的是曾有過的合作串連之榮景已不再，街頭生活的生態再度回到地下經濟的掌控中。

紀錄片《夜寐之城》（註）從二〇一〇年開始，陸續花了兩年跟拍在德里兩個不同地域生活的單身男性街友。地域一是由幫派老大控制的米娜市集（註2）空地，那裡晚上會擺出供街友租用的木板床和被褥；地域二則是在雅穆納大橋（註2）下自行占地，用塑膠防水布搭建起來的電影院，那裡燈光昏暗又安全，提供街友看電影的娛樂或只是供其安心睡覺。兩位經營者都覺得自己在做善事，鐵橋下的老闆秉著良心做事，收費低廉讓顧客得以在其中連結互助，甚至連冷酷殘忍的幫派老大都聲稱自己是慈善家，只因他提供的床具能給人睡場好覺。

沒有公共力量的介入與監督，其生意好壞只被商業理論中的供需平衡所影響，倒是導演的旁白切旨：「只有能自由決定睡著和醒來時間的人，才是真正自由的人。」言下之意，控制了睡眠市場的幫派老大，其實控制了城市的無家者。

在這些歲月中，有心人士仍不斷推動立法，期待政府承擔更多責任。

二〇一〇年，最高法院終於做出判決，規定在每個人口數超過五十萬的大型城市裡，每有十萬人就該有一間以上的街友庇護所，來容納至少一百位無家者（這也意味法院認定，每一千人中就有一位是無家者）。二〇一一年印度人口普查，德里人口數為一千六百七十五萬人，這意味著德里至少必須要有足夠數量的庇護所，提供給至少一萬六千七百五十位可能的無家者居住。《夜寐之城》的拍攝正好碰上這個決定性時刻的前後，所以在影片裡，觀眾們先看到幫派老大賺飽荷包尾大不掉的囂張樣，後又看到他吃飯的行頭被警察掃蕩的狼狽慘狀。

正如多年前的倡議人士所期盼，此判決一頒布，德里的庇護所便如雨後春筍般地長出了。二〇一三年，印度中央政府更公布了管理經營庇護所的施行指導原則（註），其中包括要求庇護所必須是能永久居住、不受天氣影響的建築物，且必須滿足飲水、衛浴設備等衛生要求，還得提供煮飯空間、器具、瓦斯等基本服務，最重要的是必須收費低廉，雖然費用多寡由承接單位自訂，但每日計次收費規定只能介於底層勞工日薪的百分之五至百分之十，對無收入者則必須減免。這項社會福利措施，目的在使每位人民都能有尊嚴的過活。

從政策文件上看來，街友問題似乎得到重視，充滿緩解的希望，然而實際上，政策落實層面仍有許多問題待檢視。

網際網路瀏覽器停留在德里城市庇護所改進委員會的官方網站，我咬著筆，搔頭苦思不解，為了增加政府方案的透明度與方便問責，德里所有庇護所的名稱、負責營運單位、以及每天入住的人數和住宿率都即時更新在網站上，以顯示政府的效能與其監督的力道。網路上的數據指出，目前全區共有兩百零七個庇護所，住宿滿員的情況下共能容納近一萬七千人（註）。猛一看，會欣慰德里政府依照最高法院的判決行事，但若細究便會發現平均入住率還不到百分之四十，點開歷史紀錄，更看到有些日子的入住率甚至低於百分之二十。這種情況，豈不暗示街友們寧願選擇睡在街上，也不願進入政府依法提供的生活場所？庇護所到底哪裡出了問題？究竟不符合服務對象的哪些需求？

繼續爬梳網路上的文字，只見上面洋洋灑灑寫了堆關於解決街友問題的決心和信心，卻沒有任何為低入住率所做的解釋。表面的華美敘述最後只令人煩躁，不見主管機關在乎從統計數字間透露出的矛盾。

那些日子走訪了為數不少的街友收容所，包括專收男性、專收女性，或專收家庭因而男女混居的；有占地廣闊，也有狹小擁擠不堪的；有乾淨且秩序井然，也有骯髒到令人不敢領教的；有友善提供如我一般之研究者協助，也有態度惡劣拒人於千里之外的。雖同樣是政府出資補助的街友收容所，但因承接單位不同，管理和經營方式各異，好壞分別也是天差地遠。

多數收容所依舊是鐵皮屋構造，在平坦的空地上加上幾個鐵皮屋，裡頭鋪上毯子，就能容納數十個人不等，但除此之外，真能完備提供其他基本設施的庇護所屈指可數，也不見管理單位致力於促進無家者間彼此或與社會的連結。庇護所裡的無家者不喜歡街上，和街上的無家者不喜歡庇護所的原因幾乎如出一轍，例如：沒有私人空間、治安差、東西可能被偷、住客間有許多爭吵等，足見庇護所的品質仍有待加強。

數據清楚顯示，庇護所並未將其效用最大化，然而，發包的政府部門或某些承包機構卻大言不慚地說自己已提供服務，是街友們不想來使用罷了。這種推卸責任的說法，完全辜負最高法院維護人權的立意，只是將矛頭再次對準無家者的個人責任。不去檢討庇護所的設置地點，是否靠近街友平日工作的聚居處，也不去檢驗承包機構的內部管理是否良善，只一味以街友們自由慣了，或是必須留在街頭做不法行業等說法作為託詞。

另一方面，許多有心服務無家者的機構，卻開始被必須定期向政府爭取庇護所的標案而捆綁。依照施行指導原則撰寫方案和推估預算，提交給相關政府部門解釋自己將如何運用經費，這原無不妥，但當這逐漸成為非營利組織的主要收入來源後，與其他機構的惡性削價競爭也因此展開。大組織資源多，通常能爭取到更多方案，耕耘在地社區的小組織反而難以申請到，而少了政府經費的支持，他們徒有抱負卻苦無施展空間。

看似立意良好的政令，卻變相培養機構只顧眼前見樹不見林的心態，以為只要營運庇護所，便是在處理無家者議題。於是，縱然流落街頭的街友仍占大多數，卻越來越少人去關心他們所面臨的問題。庇護所成了每個機構的當務之急，最該被重視、處理與研究的問題反倒再度被邊緣化。

事實上，這些庇護所的每日入住登記，並未讓住宿體驗具備安定生活的功能。每日進住必須簽到，離開必須簽出，就好像每天都在簽一份新的合約，意味著沒有誰永遠屬於這裡。今天誰一旦回來晚了，可能就沒位子睡了（當然從入住率可見這種事夏季並不普遍，冬天倒是一位難求），管理員也可因此有藉口不讓人來睡。實際走訪後發現，較用心經營的庇護所確實有排隊與趕時間搶入住的情況，也看過某些庇護所通融無家者擺放家當在其中以增加他們居住的穩定性，但那些畢竟是少數，後續也常引發分配不公平的爭議。

庇護所，顧名思義有種保護的意思，然而，要保護到什麼程度？時間又該維持多久才合適？

在難民營空間規劃的課堂上聽到此一概念：「若把一個地方弄得太舒適，人們就不會離開了。」設置難民營時不脫「暫時」和「過渡」原則，因其終極目標仍是希望流離失所的人們終有一天能重返家園，或被整合融入收容他們的國家或社區。若從此角度思考，那麼提供街友庇護所的終極目標是什麼？是項具永續發展意涵的政令？或也只是項暫時過渡之舉？

事實上，德里的兩百零七個庇護所幾乎都是為了因經濟拉力來到城市，每日以勞力換取微薄薪資的男性街友們所設立的單身男性庇護所。提供這種服務，難道不是國家社會為了將其勞力做最大程度的利用所致嗎？但男性街友所面臨的挑戰，不能與女性和兒童無家者的困境同一而論，政府是否該更審慎的調查與分析，至今仍寥寥無幾的女性與孩童街友庇護所，究竟是要保護他們免受什麼威脅？

而又究竟是為什麼，政府能提供庇護所，卻不能給他們一個「家」？

註1：《夜寐之城》《Cities of Sleep》是2015年的印度紀錄片，導演是夏納克・森（Shaunak Sen）。

註2：Meena Bazaar。

註3：Yamuna Bridge。

註4：Operational Guidelines for the Scheme of Shelter for Urban Homeless (SUH) under the National Urban Livelihoods Mission (NULM) by Ministry of Housing & Urban Poverty Alleviation (UPA Division), Government of India, December 2013。

註5：摘自二〇一五年七月二十八日的資料。當時庇護所若滿員能容納一萬六千六百七十六人，但實際入住人數僅有四千零五十六人，換言之，入住率只有百分之二十四。

惡名昭彰的庇護所

某天下午，電話急促響起，我接起來，只聽得阿拉夫在電話上匆忙的說：「我們必須取消今天的原訂計劃，很糟的事發生了，很糟。我得趕快去了解一下。」

「發生什麼事了？」

「你沒看到報紙嗎？一個六歲女童昨天下午在錫克廟旁的那間庇護所被清潔工強暴了。」

我心一沉，話也答不上，肚腹深處升起翻攪的噁心感，頭腦卻不意外這件事會發生，那間庇護所管理員的傲慢惡霸嘴臉還歷歷在目，對這些不公義，積壓的不滿情緒早已滿溢，但又深感自己的無能為力，兩種動力一來一往，幾近瀕臨分裂邊緣。

七月底，初次訪完阿古瓦妮後，我們順著錫克廟旁的小巷，欲走到在廟另一頭設立的庇護所，想看看住在街上和庇護所裡的人有什麼差別。在窄小昏暗的巷道中，三個女孩往我們的方向走來，不可思議地認出了德凡許與阿拉夫，於是開始一陣寒暄。原以為只是一般閒聊，話題卻越拉越長，女孩們的表情，有的漸黯淡、有的漸憤慨，其中一個女生從口袋掏出已摺到略顯破爛的Ａ４紙張給德凡許，繼續她情緒激昂、滔滔不絕的表達。

說話的人是拉蒂，她手中的文件是醫院開立的驗傷報告，為了證明希達的流產是因被毆打傷害所致。希達站在三人中間，始終不發一語，眼神亦不與人對視，只封閉在自己的世界，沉痛則從無表情的面容裡流瀉而出。另一個女孩薩琪是希達的妹妹，不時出言附和拉蒂的說明，右手則從頭到尾都緊勾著姊姊的手，用肢體支持陪伴她。

吵架起因是庇護所裡某個女人的兒子欺負了希達七歲的女兒，希達不過只是去找她理論，雙方爭執越來越大結果扭打了起來，當時拉蒂和薩琪並不在場，但那女人卻不是單獨面對希達，兩個女人的口角後來演變成群毆……。等她被送到醫院時已經太遲，一個生命就這麼輕易地殞落了。事後，或許是明白人死不能復生，再多說什麼也無濟於事，希達並未哭天搶地，但她仍想討回公道，要對方付出相應的代價。此刻，她們正準備拿驗傷單去警局報案，希望身為正義代言人的警察，能給她們一個交代。

德凡許維持一貫的冷靜理性，欲回溯事情的源頭。

「怎麼會發生呢？你們沒有趕緊通知庇護所的管理員嗎？」他說。

「他們什麼都不管，只會對有給他們好處的人好，我們的事他們只說別鬧大，不要給庇護所惹麻煩就好了。」拉蒂說。

「裡頭的情況如何？」

「亂七八糟的，跟外面一樣危險。我們也要擔心有小偷、暴力，也會有人到裡面做不法交易。他們常警告我們不能說出去，說要是有人走漏風聲就把我們都扔到街上。」

像把灑狗血劇本早已背得滾瓜爛熟的板凳演員，苦無機會展演其功力許久後，終得一次上場機會，拉蒂說得義憤填膺，聽者表情則愈發凝重。一個事件帶出另一個事件，原來女性間彼此的暴力相向，只是問題的表徵，更深層難解的暴力來自庇護所裡的管理階層。被問話的此刻，在心中鬱積已久的委屈與抱怨，就像水庫開閘時的洪水奔騰而來，那情緒的渲染力就要把人淹沒。只可惜一切不是戲，而是真實生活。

就這麼站在小徑上聊了約四十分鐘，情緒從最初的激情沖刷過後，慢慢縮減成涓滴般的細擊，零碎而軟弱無力，卻止不住一再嘗試的渴望。拉蒂一口氣說完後，眼睛骨碌碌地轉，像是在看，看我們能給出什麼。無奈，縱使內心百感交集，除了試圖弄清原委外什麼也不能做，更不敢貿然承諾。阿拉夫遞上一張自己的名片，表示這支電話二十四小時開通，要她們如果遇到什麼問題隨時打給他，但沒說出口的是，和今晚一樣，願意聆聽不代表有能力解決……。

德凡許和阿拉夫似乎本就對這間庇護所沒什麼好評，對他們而言，庇護所不該只是遮風避雨處，而應承擔更多積極主動的功能。只可惜，現在負責營運的竟是間沒有任何社福背景的保全公司，他們不僅在政府標案中得標，甚至獲得許多間庇護所的經營權。街友服務團體間傳言甚囂塵上，說他們在企劃案上百般壓低預算，並付給主管機關高額的賄賂費用，更有人推敲他們競標的動機絕非服務，只是想藉此為自己長時間在各政府機構或商業大樓輪班的保全人員，找到可以免費睡覺的宿舍，這些想當然都會壓低對街友服務的品質。

但縱使不聽信八卦謠言，日後親自拜會那間庇護所的經驗，讓我清楚見識管理員跋扈的嘴臉，他們不掩飾對無家者的蔑視及對相關團體的不屑，雖然嘴上說要我們遞交申請，但充滿敵視防衛的態度透露出那只是話術，就算真有申請書他們也不會讓我們參觀，更別說是和無家者談話。那個口嚼菸草的管理員開口閉口都在抱怨經營庇護所已害他們虧了多少錢，絲毫沒有對議題與人的熱忱。曼森不過問他們供應民生用水的頻率，他就惱羞成怒提高音量大罵全是住客太浪費才會不夠用，完全迴避檢討是自己未依規定提供。

真是可惡至極。

往後數次經過那間庇護所，總還是忍不住往內窺看。除了留個一人高與寬的小門供人進出外，庇護所四周都是高約一公尺的水泥圍牆，再加上一公尺的鐵製圍欄，感受不到對外開放的友善之意，反倒更像個監獄。不知是囚禁不讓裡頭的人出去，還是隔絕不讓外面的人進來。透過圍牆的間隙望進去，雖然腹地廣大一眼望不盡，仍能看到裡頭空間利用的浪費。黃土地占了八成，組合屋形式的藍色鐵皮屋則約有五六間，偶爾可以瞥見裡頭往來走動的人，男女老幼都有，入住身分混雜了單身女性、單身男性，及家庭等不同類型。

裡頭卻有個畫面令人費解：沿著圍牆內部竟又有一長排用竹棍、藍色塑膠布搭建而成的簡陋遮蔽物，像是在庇護所裡又蓋了貧民窟一般。一名老婦坐在木板床上，身邊散著各式雜物，發現我在看她，眼神沒迴避閃躲，卻也沒多聊的興致，問她為何不睡在屋裡，反而在這裡搭棚子，她挑眉斜眼瞥了我一下，自嘲的說：「沒錢給管理員的人，他們便不讓住在屋子裡，只好睡在這邊。我們是可憐人啊！」許多衣服與家當還掛在圍欄的尖勾上，一個穿著汗衫短褲的男人正背對圍牆蹲著洗臉。每個小棚子都是一個家或一個地盤，這是庇護所裡頭的街頭生活，似乎完全違背了庇護所的本意，也難怪阿拉夫會說：「千萬不要把庇護所拿來與家相提並論，它不過是個多了屋頂的街頭。」

那個強暴事件在街友運動界燃起熊熊烈火，長年關心街友權益的印督先生在那間庇護所外的人行道上辦了場公聽會，鼓勵住在裡頭的街友出來陳述自己的遭遇，期待藉引出他們內心的悲憤之火，促進輿論壓力，甚而迫使營運單位負起連帶責任。然而，庇護所的員工當天只躲在辦公室裡避不出門，某些街友甚至指證他們被管理員威脅，說若發現誰胡亂發言，那人就等著受罪。

活動隔天見報，街友的抱怨被節錄在報導裡。犯案的掃地工以現行犯被抓，沒有逃避罪咎的可能，但可惜的是，庇護所營運單位的監督責任雖被討論，所占篇幅卻不大。在資訊爆量的時代，當記者未見後續追蹤的價值，這件事很快就被更新更具渲染力的新聞給蓋過。

事件退燒後，在康諾特廣場的哈努曼神廟附近與四位無家者女性坐在街邊閒談時，一位身穿藍底白點滾紅邊紗麗的老婦佝僂地慢步接近，大家自然把本來圍坐的圈子擴大，以歡迎她加入，怎知她都還未坐下，就先惡言質問起其中一位年長婦人說：「翠絲提，為什麼你兒子要強暴我孫女？」她的臉扭曲糾結，內心的憤怒怨懟全都寫在臉上了。

眾人趕緊一致安撫：「善那雅你搞錯了，強暴你孫女的不是她兒子，那人已經被抓去關了。」有人向我低聲補註說明，這位老嫗便是被強暴女童的祖母，她和翠絲提都住在庇護所，不像其他人住在街上，但她們仍喜歡到街上打發時間。看著老婦灰白相間的頭髮雖然盤起，卻也是多日沒梳整的樣子，綹綹髮絲雜亂竄出，有些落在臉頰旁。她看來神情恍惚，彷彿活在自己的夢魘中，人雖在這世界，魂卻不像在這世界。

「她很可憐，一個人帶著兩個兒孫住在庇護所裡，大孫子智商有問題，小孫女最近剛被強暴……。她連自己都照顧不了了，也不知道要怎麼照顧小孩……。不知她女兒什麼時候才要來把孩子帶走喔……。」眾人一陣唏噓，大夥兒雖可憐她，但同處於社會底層，也不知該從何幫起，唯一能做的就是讓她坐在圈子裡，參與大夥兒的閒聊，然後偶爾分享乞討而得的食物給她。

面對不帶任何威脅性的善那雅，其他女人展現慷慨無私的互助，期許著平安一天是一天。

女人心事

在康諾特廣場的哈努曼神廟外，依娜、珊迪亞、久希坐在攤平的紙箱上，我也坐在其中一角。她們似乎很高興我的加入，興致盎然地聆聽我的每個問題，只是過於興奮激動讓她們無法靜下來好好談話，每拋出一個問題，大家都想搶答，就算只是單獨對其中一人發問，另兩人也急著幫忙回答。有點像帶在幼稚園小朋友，情況稍稍不受控制，大家各說各話但都想得到老師的注意，每個人對自身說法與判斷又都展現出百分百的自信，每有分歧就得花上許多時間爭論與澄清，讓話題被拉扯截斷後無法如預期般地往更深處推展。雖然剛開始對這樣的不順利有些懊惱，卻漸漸了解毫無章法的回應或許正是她們的溝通方式。

畢竟這是街頭，不可能像課堂上或辦公室裡有條有理的論述，拿掉文法的修飾與複雜的語彙，人們用簡單字詞的堆疊來表達自己的經歷與感覺。每次敘述都是一次重新經歷與再造，自己的歷史自己說，至於共同經歷的歷史也透過彼此零碎記憶的緩慢拼湊而成形。

翠絲提和善那雅加入後，話題從關於在街頭上生活的問題，轉成討論庇護所裡的問題。我原本想像，選擇住在街頭的女人會和在庇護所生活的女人有著根本性的不同，但這五個女人現今雖分散各處，四年前卻曾共同生活在現已不復存的庇護所。那個庇護所在她們口中就像是個失落的樂園，她們共同緬懷曾在那裡的美好回憶，並感嘆現在一切都變了。

依娜覺得現在的庇護所裡頭太亂，每天都有人爭吵、用藥、喝酒、暴力相向等，她無論如何不願意去庇護所住，寧願睡在廟外面，至少廟祝好心，偶爾會讓她進廟裡睡。

珊迪亞插話說：「裡面太亂了，有些女人特別會欺負人。」

「哪些女人？」沒想清楚話就溜出口，其實我是想問哪種女人。

「希達、薩琪和拉蒂。她們無故挑起事端和使用暴力讓其他女人待不下去，以前大概有六十個女人住在那裡，現在人越來越少了。」珊迪亞說。「拉蒂特別壞，沒人喜歡她。」她又補一句。

「男人才是讓我們待不下去的主因。他們虐待女人又吸毒喝酒，把壞東西帶進來，如果可以禁止男性進入庇護所，那麼狀況就可以變好。」久希說。「翠絲提住在那裡，不信你可以問她。」

幾年前當那間庇護所尚未被保全公司承包時，規模仍不大，只專門收容女性，而珊迪亞當時年輕、學歷相對高（她讀到九年級）、工作能力也不錯，被提拔為那間庇護所的管理員，加入以街友自主管理街友的系統，但一場大火燒毀了硬體設施，不只庇護所被迫關閉，她也因此失業。在這場歷史流變中，她似乎和拉蒂累積了不少恩怨。

「拉蒂等人威脅我們，總是為了小事找我們吵架。」翠絲提說。

「昨天她們才在庇護所打傷一位老婦。」珊迪亞又加一句。

我胸口忽然一緊，心跳像漏了一拍。這群女人不知我曾遇過希達、薩琪和拉蒂，而為免模糊焦點，我也決定不主動提起希達流產之事，卻已恍如突墜入五里霧中。那霧模糊焦距，使人看不清眼前事物，霧氣甚而轉濃，令皮膚感覺黏膩，呼吸變得沉重……，無法突破迷霧，只好將身子越伏越低，飢渴地想尋找地面剩餘的潔淨氧氣，但不懂訣竅，反因大口喘氣吸進更多霧氣……，最後只好趴在地上不動，祈禱自己可以安然度過，重回明朗之日……。

想起德凡許在某次談話中，向我承認他不太知道該如何處理女性無家者的議題。說起當年在男性庇護所裡試辦的街友管理員培養與擢升制度逐漸上軌道之後，他們想進一步嘗試在女性庇護所複製此制度。當時他們找了阿蒂提，一位參與街頭倡權運動多年，潔身自愛無不良嗜好又善盡母職的女性街友來擔任管理員，但本來能容納三十人的庇護所，一個月後卻只剩不到十個女人。經人通報後，德凡許到現場去了解情況。

「出了什麼問題，為什麼住庇護所的人越來越少了？」德凡許問。

「先生，那些女人都是『壞女人』，讓她們住在這兒，其他女人也會跟著墮落的……。我必須採取必要的措施，來維護這裡的聲譽……。」阿蒂提振振有詞的說，言下之意甚明。她完全不避諱承認自己趕走其他女人，甚至還為自己是為了保護「好女人」而驕傲。值不值得被留下來享受福利系統照顧，需要通過她的道德審核。

原本期待從「賦權」給一個人開始，慢慢擴散到整個族群的理想，建立在無家者比別人更能同理彼此境況的假設上，卻沒預料到街頭的女人早已內化文化上對女性的期待與束縛，吸收認同了父權體制對「好女人」與「壞女人」的判定。阿蒂提甚至進一步化身為糾察官，在那權力位置上，不是試圖去了解幫助同遇困境的女人，反而是將她們推回火坑，認為她們的行為使她們不配受到保護。

本以為無家者女性面對的最大困難與挑戰是來自男性的騷擾與暴力，但涉入越深，便發現女人的彼此為難並不亞於來自異性的威脅。這些日子以來，她們心中強烈的糾葛似乎也已滲入我心，在在都能感受那強烈拉扯的痛苦。由於女人的價值與其貞節緊緊掛鉤，「壞女人」的標籤作用在社會裡太過強大，沒受過太多教育的她們，尚未能以一己之力對現有文化體制展開思考與批判，還是只能用現行體制來審核自我。

阿蒂提幸運，沒什麼能讓人詬病的把柄，因此總能站在光明磊落那側，但她沒想過所謂的「壞女人」，就算做出超越常軌的行為，也不表示她們已寬心接納自我。她們更可能產生分裂的內在：一面可憐自己，一面又厭惡自己；一面明白別人為何對她們投以異樣的眼光，一面又憎恨他人，內心的多個面向無法統合，無法獲得安寧。但不管內心多猛烈交戰，外在卻無其容身之地，她們被「好女人」歧視甚而驅離，只好為了保持自身的完整，再度把挫折與怨懟往外射出，加諸到對別人的評論上。

當自己的困窘多到難以負荷時，人還有多餘心力承擔別人的苦難嗎？如何培養那種連結，讓無家者女性能站在同一陣線？本以為這趟旅程有機會讓我找到解答的鑰匙，但當進入她們的生命故事，從每個人不同的視角看世界後，卻發現那文化上的禁忌、不能說的祕密，已使人的思考變得扁平、缺乏想像力更剝奪同理心。若不能直接開口談論加諸在自己身上的污名，無論是誰都沒有洗白的可能，既然如此，又何必怕把別人說得更為不堪呢？

怎麼才能幫助她們掙脫性別偏見扣在身上的鎖鏈，看到自己的價值？

令人為難的惡性循環是，男人既是問題來源，卻也是她們用來解決問題的手段。許多街頭女人選擇附屬在某個男性之下，是順應現實的生存之道。但讓我們暫且想像，若有個功能健全的女性庇護所能代替男人保護女人，在這裡，女人的獨立性及身體自主被重視，失婚喪偶或選擇維生的職業不會被評價，還能帶著孩子一起進住，會不會很多人搶著搬進來？

然後，我們還能不能把保護身體安全的庇護所，進一步營造成亦提供心理安全的場域，讓女人們能安心在其中建立連結與信任？當在多數人面前只能避而不談的話題，在這裡能自在表達而不受評判時，我們是不是有機會可以鬆動一些固著的慣性？

當然，在創造不同的服務系統前，必得更審慎思考庇護所究竟是要庇護無家者女性免於什麼樣的威脅與危險？沒住所？沒工作與獨立的經濟來源？男性的騷擾？對男性的依賴？問題的成因不一而足，但都交互影響。

更重要的是，庇護所存在的前提難道不是假定社會在一般狀態下，是沒有太多威脅與危險的恆定狀態嗎？若是危機四伏，人人隨時都可能落出社會安全網外，不就必須有更多相應數量的庇護所，永無止境的營運下去以平衡這不公的社會？

就算是再理想的庇護所，也不會是社會問題的唯一解答，我想它充其量是提供人們短暫安身處，讓人在此修復並得以重新出發的一種補救。欲賦予其更積極的意涵，還必須與改變社會現況的種種努力相連結才有意義。

只是還是想問為什麼，政府能提供庇護所，卻不能給他們一個「家」？

左右為難

嘟嘟車逐漸走上我不熟悉的道路，一路向西南方往機場的方向開去。離開擁擠的市中心，馬路變得寬闊筆直，再也沒有交通阻塞的困擾，有些路段甚至荒涼不見其他車影。但一離開熟識範圍，身體又似被制約般無法全然放鬆，不停拿起手機看導航，以確認司機沒有迷路或繞路。這台嘟嘟車看來馬力不足，馬達雖噠噠隆隆作響，速度卻完全衝不出來，最高時速不超過五十公里，阿拉夫說路程約四十分鐘，但看這態勢可能還要更久。

阿拉夫從重逢那天起，便常表達想邀我回家作客的心情，我也不是不願意，只是感到工作進度頗為緊迫。白天上班、晚上踩街，街訪時不管是地理環境、附近氛圍，遇見的人與他們訴說的事等資訊皆以拔山倒海之勢來襲，都需要額外時間去消化記錄，讓我不敢貿然停下腳步。

好不容易有個機會，趁來印度旅行的朋友在我租屋處借住幾天，終於覺得可以騰出點時間給目標以外的事。有她相伴，我稍微緩下每天急躁的心情與步調，邀她一起至阿拉夫家赴約。朋友不識阿拉夫，僅能從我的敘述建構對他的認識，沒有包袱的她看來輕鬆，隨意瀏覽路邊風景，我則在路程上勾勒阿拉夫每次到市區會面前的場景。若無此行，不會明白他每天花多少時間通勤，想到他為省錢多以公車代步，一定費上更多時間精力。

好不容易來到德里郊區，有種發現新大陸之感，這裡用距離換取空間，人口密度比起市區合理的多，環境相對整齊乾淨，各種餐廳小販等生活機能一應俱全，連蔬果看來都較新鮮。阿拉夫在大馬路上接到我們後，繼續帶我們走進蜿蜒交錯的小巷裡。

他們的租屋處在頂樓，打開門入眼的是約一尺寬兩尺長的陽台，陽台走到底是廁所。把鞋子脫在陽台後，往內延伸的細廊左側是廚房，有流理臺和兩個爐子，通過細廊後是客廳，裡頭只擺著已凹陷的沙發和小茶几，再無其他家具。盡頭還有個小房間，擺設有單人床、書桌椅和小櫃子，是書房兼臥房，櫃上立著阿拉夫太太的遺照，我雙手合十在前拜了拜，希望她在天之靈繼續保佑這家人。

兩年前夫人病逝後，阿拉夫父兼母職，一肩扛起家中照顧孩子等的大小事務。大兒子阿莫剛上大學，為了提早協助家計，現在就開始準備警察考試；他英文學得好，不僅當天充當翻譯，幾個週末都主動上街幫忙。讀高中的二兒子阿比爾個性害羞許多，多用微笑表示意見。義子阿靈則是阿拉夫一年前在街上遇到的孤兒，本想送至安置機構，但孩子說想留下來，他們便把他納入這家庭。而與阿拉夫同鄉，現參與貝格哈街頭工作的欽納也與他們同住。儘管這裡麻雀雖小五臟俱全，我仍難以想像五位男士怎麼擠著睡，他們笑說位置很寬，甚至還說若我們倆想搬來也擠得下，露出一派樂觀的天性。

半開玩笑的打聽起阿莫的感情狀況，沒想到他竟慎重說起自己已有穩定交往的女友，是他的高中同學，還帶回家給爸爸看過，雙方甚至已談論過婚嫁之事。身為長子的阿莫對於規劃未來有自己的一套想法，儘管女友表示想盡快嫁來，幫忙照顧他們一家人，他卻堅持這樣對女友並不公平，至少要等到自己考上公職再考慮。好奇作為父親的阿拉夫如何看待此事，他嚴肅的回說：「這種事情得讓孩子自己選擇！但我有明白的跟她說，嫁到我們家會有點辛苦。」

彷彿特地要做一種對照似的，不同於阿拉夫家的清一色男丁，曼森的孩子是對年幼的雙胞胎女兒。談起她們，阿拉夫整個人都像要融化一般，淨是甜滋滋的笑，還忍不住拿出手機照片秀給大家看。他不斷提醒曼森夫婦：「女人在這個社會上很辛苦，還能疼的時候就要好好疼。」曼森也假裝吃味的說起女兒們好像愛阿拉夫勝過愛親生父母，讓我從這些小處看出這對結拜兄弟對女孩的疼惜。感動他們即使處在被傳統與現代、富裕與貧窮夾擊的縫隙，仍毫不猶豫的張開雙臂擁抱開明觀念，教導兒子尊重女性，要讓女兒相信自己值得被尊重，平等的對待男孩女孩，以行為駁斥那些貶低女孩價值的陋習。

其實沒什麼特別要慶祝的事，但大夥兒熱情好客的態度溢於言表，問我們想吃菠菜乳酪咖哩（註1）還是番茄綜合香料咖哩（註2）？但一見饕嘴的我們猶豫，便乾脆自己下結論說：「今天那麼難得，兩道都做好了！」

接著眾人紛紛忙碌起來，阿莫去巷口張羅甜點，阿比爾被差去買菜，阿拉夫和阿靈也挽起袖子進廚房準備。我們也摩拳擦掌準備幫忙，但男人們一致堅持來者是客不讓我們插手，女人們只好大方收下身為客人的特權，從旁靜靜欣賞他們做菜的工夫。他們俐落的將蒜頭、洋蔥、番茄、牛奶乳酪切丁、用蔬菜調理機打菠菜泥、下油鍋煮咖哩、做恰巴提餅，廚房一時好不熱鬧。看著這幕，我為他們把我如家人般對待的情誼感到激動，期待我們的合作也能像熬煮咖哩時不斷蒸騰上升的熱氣般，不間斷地扶搖直上。

餐後，我那工作狂性格卻又冒出頭，情不自禁地將話題扯回工作，問起為街友女性權益遊行的籌備進度。

一週前至危機中心（註3）洽談街訪合作案時，阿拉夫突然脫稿演出，壯志豪情的說要辦場多日遊行，透過貝格哈的自治團體動員無家者女性，邀大家一起走到哪兒睡到哪兒，以提醒德里居民她們在街上生活的困境。阿拉夫當下說得口沫橫飛，而我當時雖是首次聽聞計畫，腦中卻立刻隨著他的勾勒開始想像關於行走、就地睡臥、與女人們共同經歷生活等畫面。然而，相較於我的投入，機構聯絡人當時並未隨著阿拉夫激昂的情緒起舞，也未給出承諾，只是冷靜而禮貌的要他先提計畫書，他們才能決定該怎麼協助募款和籌備。

「進度如何？」我關心的問起。

「沒辦法寫啊，我的筆電壞了，還得先拿去修，修好後才能開始寫。」阿拉夫雙手一攤，露出無奈的表情。

沒料到會有這種情況發生，心一急便說：「不然……你現在先口述，我來記錄，回去我再打字整理？」我火速拿出紙筆，展現出想推動進度的意志。

阿拉夫不急不徐地接過筆，寫了開頭：「名稱：〇〇〇，日期：〇〇〇，地點：〇〇〇，……。」但當必須寫下更多細節時，他忽然沒了興致，轉而改口說：「哎唷，不是說好今天不談工作嗎？」

「也是啦……。」的確是我理虧，阿拉夫一直交代今日的會面不是工作。「但那樣就只能請阿莫先膽好，我才能幫你們打成文件了。」我還是忍不住提醒。

「好啦好啦別操心，今天就好好放鬆吧！」見我未堅持，阿拉夫的臉部表情也輕鬆許多，立馬把筆記本推到一旁。

事實上，與他們相處越久越能清楚看見他們的捉襟見肘，天天都像在走鋼索。因資金短缺，貝格哈基金會決定只留曼森繼續上街關注各自治團體，讓阿拉夫轉而將重心放在學裁縫，靠幫人做改衣服貼補收入。只是這陣子曼森也因夫人生病必須常跑醫院，無法上街外展。醫生雖說是腎的問題，卻又查不出病因，此刻他們仍在等檢查報告出爐。生活未有餘裕，只要一個小變故都能打亂他們的日常秩序，使原就不輕的負擔更沉了些。

臨走前我們又走了段難以辨明來路的左彎右拐，來到幾條巷弄外的轉角去看裁縫店。那店面小巧陽春，裡頭只有一台縫紉機和牆上疏落掛著的幾套紗瓦爾卡米茲和襯衫，有位裁縫正在趕工，曼森的太太也在裡頭幫忙顧店，身子單薄的她看到我們後露出靦腆笑容。向她問好時，我不禁上前握住她的手，默默祈禱她能早日康復。

雖然店裡與我想像不同，沒有能立即購買以示支持的產品，幾可說是空蕩到沒啥好介紹的，但不知是不是重要他人此刻齊聚身旁的緣故，阿拉夫看來心情大好，甚至興高采烈的堅持要幫我和友人做傳統服飾。「我也會做女裝了喔，下次幫你們各做一套吧！」

或許這就是他們的日常，不論現實如何窘困，他們學會用幽默去面對，用誇口去溫暖人心，因為那至少能引出眾人臉上的笑意，能讓人獲得至少一刻的輕盈。

我們在夕陽西下時告別，明明是超級開心的一天，回程車上我卻又陷入長思，隱約看見烏雲逐漸聚攏在快樂與感動背後。有些結，我還不知該怎麼解。

二〇〇九年初識阿拉夫和德凡許時，他們隸屬於同一組織，正著手進行德里街友的地毯式調查，當時阿拉夫仍不諳英文，和他溝通總需要有學歷高英語好的德凡許在場翻譯。專案報告順利完成後，他們則因同樣不滿所屬機構的某些作為而先後離開，德凡許轉至關注兒童權利的「拯救童年運動」工作，阿拉夫則繼續留在街友領域耕耘，與曼森共同創立了貝格哈基金會。

此次相逢我們仍沿襲舊有合作模式，讓理性宏觀的德凡許扮演擬定策略的後衛，讓能跟各種人打交道的阿拉夫當帶我深入第一線草根工作的前鋒。縱然兩人風格大相徑庭，皆是我心中的學習標竿，更令人驚喜的是，原以為和阿拉夫仍需中介協助翻譯，到現場後竟發現這些年他持續不輟的自學英文，已至能與人直接溝通的程度，感佩他的努力上進，幾乎都要為這完美團隊歡呼了。

殊不知這聯盟在這幾年慢慢產生裂痕，即使首月他們仍為共同願景聯合努力，但隨著時間推展，便能看出那齒輪前進的速度、方向，甚至是投注的心力都日漸難以協調，計畫受阻、停滯、被迫拖延。某夜上街前他們先在「拯救童年運動」的辦公室會面，卻大吵一架，最後德凡許以公事繁忙為由脫隊，只剩阿拉夫和我依原計畫上街。

原來德凡許收到內線消息，得知政府先前收回幾個營運聲譽不佳的庇護所，又將重新招標，他深知貝格哈基金會近期經費短缺，認為這是他們重回場域的大好機會，便要他們提出計畫，自己則承諾會幫忙修改送案。

只是，德凡許的如意算盤聽在阿拉夫耳裡，卻感覺自己成了為人作嫁的下屬了。他的潦倒，不正是因政府的呆帳使然？前幾年為了承接庇護所而貸款，政府的補助款至今卻仍未核下，也不知是否因這筆爛帳使然，反正這幾年他們就是標不到庇護所的經營案。

更重要的可能還是理念不同。德凡許要阿拉夫寫預算時拉高費用，給工作人員高於坊間的薪水以吸引和投資人才，再把營運省下的錢回頭投資組織，在阿拉夫看來是知識份子的投機取巧。「如果用不到那麼多，我預算幹麼寫這麼多？這樣到最後會有很多問題的。薪水太高打壞坊間行情，讓其他機構為難的話，之後也會有很多後遺症的。」這些觀念的歧異難說對錯，夾在中間的我彷彿能讀出他們背後不同的思考脈絡，德凡許是以組織的生存與發展為重，阿拉夫則是為服務無家者領域的整體工作環境考量。

但聽到最後卻發現，原來阿拉夫的情緒才是決裂的主因：「你知道嗎？我年紀比他長，在街頭時間比他長，但我每次看到他，都會因尊敬他的貢獻而使用敬稱，他卻把我像小弟一樣呼來喚去，憑什麼我要遭受這種對待。我沒有比他閒好嗎？」

阿拉夫的自白揭示了在高唱自由民主社會改革的道貌岸然下，人性一如廣闊大海，其下仍隱藏著歧視與不公的暗流。事件爆發後，阿拉夫一針刺破我的美好想像，不得不正視以前就隱約感受到的，他們之間若有似無的上下關係之緊張。若此事未爆發，可能會繼續鴕鳥心態，只因沒人說破，自己便不願相信有這可能。

當預感到這兩人分道揚鑣的必然，一股巨大難以名狀的悲哀也隨之而來，我第一次感受到在運動中的失落，對人性的美好想像與共建烏托邦的可能眼看就要破碎，我卻無力可施。這像是個深刻的成年禮，讓我看見自己多不識赤裸人性，眾人行為中無意識的反射，將人性的缺弱都投現出來。

理智上期待自己能秉持客觀，不對長存於世的階級差異及與其相隨的階級意識妄加評斷，情感上卻只想與這種高低分別劃清界線。不明白他們之間的不平等，究竟是因出身經歷地位路線方向或什麼樣的落差使然，才使得彼此嫌隙漸深？總之，阿拉夫漸漸受不了德凡許那種頤指氣使的態度，德凡許則認為阿拉夫敷衍懶散成不了大事。

至於我？非但沒有局外人的清明，更糟的是無法抹滅兩方觀點態度留在身上的刻痕，一面對這方的高傲頗有微詞，一面也開始擔憂那方的投入不夠用心。沒有可供評斷的基準，只覺得自己像是虐心連續劇中的一角，儘管必須不停軋戲趕進度，卻還不清楚編劇明天將把下集劇情寫往何方。

註1：Palak Paneer。
註2：Tomato Masala。
註3：Hazards Centre，亦為一非營利組織，著眼於土地住宅、健康、衛生、運輸、用水、電力、環境、教育、生計等發展政策相關問題。

底層的無奈

貧窮讓你非得遮遮掩掩的。收入突然減到了每天六法郎，想當然耳，絕不敢向人承認自己處境窘迫，非得假裝跟平常沒什麼兩樣。貧窮一開始就把你羈絆在謊話的大網裡不得脫身。而且儘管設法編織了種種謊言，到頭來卻難以自圓其說。

——喬治．歐威爾《巴黎．倫敦流浪記》

最難的不是為目標衝鋒陷陣，而是向夥伴開誠布公自己的弱點與陰暗面。當疙瘩浮上表面，不滿一旦爆發，短時間內難以修復。可是，這會不會就是我們無法成功的最大原因？

起初，德凡許以為那場口角只是一時的意見不合，未看出問題的嚴重性，仍試著聯絡阿拉夫，但阿拉夫說什麼就是不接電話，擺明拒絕溝通。對我他則委婉表示：「我很樂意跟你工作，可是真的沒辦法跟德凡許一起，他讓我覺得不受尊重。我想繼續幫你，但若德凡許也要參與，我就不出現，可以嗎？」口氣裡沒有威脅的成分，更多的是請求。

作為一個來自異國的女性晚輩，我未有能居中協調的自信，只期待德凡許能更有智慧地覺察阿拉夫的受傷，並希望阿拉夫別情緒化地築起高牆。但還來不及多費心，等德凡許領會阿拉夫的暗示後，便也自動以忙碌為由減少參與。當團隊中赫然少了股力量，我自然與阿拉夫與曼森更加靠攏，只是隨著合作過程中對他們的依賴加深，期待和要求也跟著變多。

人是難解的動物，而在資源與時間皆面臨擠壓、社會連結亦不甚穩定的環境，與其說人是仰賴理性，毋寧說更多是靠著生存的直覺下判斷。對於危險、可否信任的判定，在在不是瞬息萬變。上一條訊息可能使你產生認可，下一個資訊卻又讓你無法苟同，對於孰善孰惡、孰是孰非的判斷沒有依歸，對人事物的認識也僅能從碎片式的相處得來。所謂的全貌，不可能沒有自己的腦補想像。

早上十點我依約出現在地鐵站，卻不見阿拉夫，他卻是唯一有拉達聯絡方式的人。打給他，電話卻總在漫長響鈴後轉入語音信箱，等待頓時變成惱人的煎熬。昨日確認的行程，會否因自己掌握的資訊太少而破局？內心糾結拉扯，該走？該留？會不會發生什麼意外？十一點，阿拉夫終於接電話，卻只匆匆說已上地鐵，等到十二點才見他匆匆現身，不似平常的好整以暇，右側髮尾不規則地翹起，是趕著出門而無暇梳理？

「你家那裡沒停電嗎？我家昨天半夜停電，所以都沒睡！」碰面後他的第一句話。

「嗯。」我沉默，沒接住他話裡的困頓，反而忍不住拋出一記直球：「所以睡過頭了嗎？」

「嗯。」這次換他安靜，搔搔頭未正面答覆。

「我沒看到拉達，你有連絡上她嗎？」我只好再問。

「有，走吧。」此後兩人前往會面點，再無交談。

好不容易找到拉達，她卻一開口便給我們冠上騙子的稱號，儘管我極力道歉，她大概還是無法消氣，待一下就說要離開。在飄忽的街頭，或許過陣子就能讓這件事隨風而去，下次重新來過就好，我卻甩不開彆扭，難以同理阿拉夫可能的苦衷，反而對他升起諸多問號。

「睡過頭的話先打電話過來說一聲不就好了？為何不接電話？真有先和拉達聯繫說會遲到嗎？又為何不告訴我該去哪裡碰面就好？」但或許是拉達前一日的煽動言詞已默默發威，使一時的不滿結成疙瘩，這些疑問硬是卡在喉間說不出口。

考驗信任的鐘聲再度響起，卻未能預知後續將引起的連鎖反應，會是自己跨越不了的關卡。

那些日子，問題如雪片般紛至沓來，時有突發狀況要應付，少有能沉澱思緒的機會。某天趕去訪問路上，阿拉夫突然開口向我借錢：「我有急用，等領到錢就會還你。」當下二話不說就把身上幾千盧比全掏給他，但往後見面他像忘了這事，我也沒再提起。

但聽完拉達的說法後，心中卻存著難以澄清處理的芥蒂了，此時阿拉夫又傳簡訊來借錢，說是趕著要繳阿莫的學費。問他需要多少，他卻又支吾不清，要我方便多少給多少。我未立即承諾或回絕，想到那些對他的控訴還有他對上次借款的若無其事，猶疑心一起，反倒無法像上次那樣果斷的付出。以前幾次借錢有去無回的經驗也鑽進腦海瞎攪和，想起那些沒還錢的最後都斷了聯繫。

兩天後終於決定給他和上次一樣的金額。約好時間，他到辦公室外頭拿錢。見了面，我沒多問，內心期待他會主動解釋，但他也未多言，只道了聲謝就說還有要事得趕著走。目光一路尾隨他獨自走去等車的背影，在那喧囂的大馬路上顯得蒼涼，為什麼我們這麼快就無話可說？自己是不是又做錯了什麼？

當事情一步步偏離原定計畫，我才赫然發現承諾投入助人工作的阿拉夫也是處於底層，也是得用盡力氣才能攀附於社會邊緣的人。眉頭深鎖，他的苦澀慢慢襲上我心頭，若非必要，誰願意低聲下氣求人？

承接庇護所，幫上百名無家者備餐，與他們一同慶祝狂歡的畫面已是令人不勝唏噓的過去，貝格哈基金會現在的狀態更近於名存實亡，主因是二〇一四年庇護所專案結束後，政府遲了半年都未能核發的六十萬盧比補助款，讓他們落入財源困境。而當原先立意良善的非營利組織被政府辜負，沒有任何緩衝，他們無可避免的轉嫁那欺壓剝削至員工、甚至是他們想服務的人群身上，形成可怕的循環。更令我痛苦的是，這壓迫的生態鏈我無一是從阿拉夫口中得知，而是在聽到拉達和欽納的故事，再與德凡許陳述的庇護所歷史比對後才拼湊出來的。

儘管有這些後見之明，縱使內省在心中滾動發酵，都無法幫我逆轉之後衍生的情境。

我並未預見在那天之後，兩人的關係會一路墜落，阿拉夫竟也像迴避德凡許那樣開始疏遠我。之後依舊上街工作，卻只有曼森或欽納來協助，再見不到阿拉夫的身影了。他仍是用那套不言而喻的消失法，不管打幾次電話，都只有單調的響鈴聲拉長那躲進空盪中的迴避。唯有一次阿莫接起（可能因為我實在打太多通了），卻還是說爸爸身體不適無法講話，我才深刻體認到自己真已被拒於千里之外，不再是他願意敞開家門、引賓上座的朋友了。

午夜夢迴不斷自問，阿拉夫究竟是為了什麼與我斷絕聯繫？是對我遲了兩天的失望？因為我不夠義氣？還是欠錢的罪惡感？後來才得知德凡許在他們決裂前也曾借錢給他應急。又或者是受不了我的不斷逼迫？自己是否曾在無意間跨過那條隱形的界線，給他有了上下分別之感？那些自覺出於關心的忠告，在他眼裡會不會只是過分的壓力與批評？

某天工作後一同用餐，整理這些日子所見，憶起他處理和德凡許心結的方式，我一不小心就對他發起長篇大論，當時還以為自己是以毫無保留的態度分享。

說起與他們一同工作的日子，發現某些聲稱在做街友服務的組織，其實並未真與無家者有直接接觸，只是靠著貝格哈在街頭的人脈與門路接起橋樑。雖然他們現在靠接這些案子攢錢，但案子時有時無，生活便是時好時壞。那些組織的募款文宣裡，羅列的都是貝格哈的工作，卻未曾提及他們的名字，不禁推想若他們能製作自己的宣傳品，經費與功勞就不會只落入大組織的口袋。但這邏輯推至最後的結論竟是要他展現積極，寫出一個好企劃，以翻轉別人對他「光說不練」的評價。

當時還天真的以為自己與他進行了一場深度對談，事後回想才察覺到藏在曉以大義背後的，是自己好為人師的傲慢。會不會是那些自以為是沖垮了信任與默契？那番話的初衷或許是「培力」，但仔細檢視，才看出是自己把目標任務看得比關係與陪伴更重要了。

阿拉夫是面殘酷的鏡子，在我面前被命運擺弄的人們，反映了處在安適圈中的我，平時不易被逼現的現實與自私，甚至映照出我道德上過於謹慎的吝嗇。在街頭或底層的世界，面對時間、金錢與做人都有許多「不得不如此」的邏輯。他們不是不知道準時、儲蓄、誠實與勇敢面對的重要，只是這些道德上優越的事，都需要許多資本。而當經濟與社會資本的多寡與自信的高低緊密相連時，他們又該如何在各項條件都較優越之人面前理直氣壯？

我想我們都受傷了，我卻不知該如何著手修復。眾多複雜的情緒交織而上，失望和罪惡感輪番造訪內心。關於與朋友的應對方式，關於和夥伴的工作倫理，關於對價值目標的堅持認定，內心那些不準確的標籤與判斷，到頭來不是幫助而是限制和包袱。

想與他們保持同步，和他們一同齊頭並進，但實際上，若自己未能拋開既有期待、框架與方式時，表現出來的不過是在催促他們趕上我心中的理想腳步。來回拉扯間讓我們都像被流沙捲住，愈使勁想拔腳，愈不可自拔地陷進泥淖裡。

或許可以用「至少我努力過了」的說辭自我安慰，但內心深處明白追根究柢，一切差異亦源於自己在食衣住行育樂各層面上不證自明的特權。我們從未把它視為需要花時間共同討論的問題，只把它當成天經地義的事來接受，但事情發展至此，我發現那些差異不能被理所當然的略過。

平等該是什麼樣子？共好又是什麼景象？

我仍然相信，我們沒有那麼不同，差異造成的斷裂亦非不可避免。的確仍有克服不了的挑戰，但那是在提醒自己必須打破重組腦中的迴路，重新調整姿態，並發心決定要如何拿捏運用自己所擁有的特權。

大病一場

為了當朋友婚禮的伴娘，出發前即預訂好離開的時間，想像應是帶著歡欣的心情回台，披上伴娘服，從幸福摯友身上感染喜氣，卸下一路的風塵擾攘，暫時拉開距離，甩開困惑，重整一下腳步再找機會回到田野。實際上身子卻脆弱不已，返台前倒數兩週幾乎像兩年那麼長，找不出病痛來源的身體顯然已超過負荷；但又像兩小時那麼短，仍保有要在最後一刻前搾乾自己的執著，繼續參加研討會、夜訪庇護所，總覺得任務高過一切，而自己離目標還那麼遠，容不得自己無所事事。

訂的是紅眼班機，房東好心開車送我一程到機場，燈光喧囂隨著車子飛馳被拋在身後，我沒有回家的興奮與期待，亦無離去的傷感，有的只是終於鬆一口氣，和相對於此的矛盾無奈。劇本和原先規劃的不同，沒有喜劇帶來的滿足感，心裡卻不願妄下結論說這是悲劇的失落。

一上飛機便陷入沉睡，無夢，只有多日難眠後難得的甜美恍惚。在上海轉機六小時，心驚膽戰的點了份湯麵，怕和前幾天一樣吃什麼都想吐，幸好溫暖心脾的湯沒有引起反感，唯身體仍誠實的抗拒扎實麵體，想來或許是四個月以來竭力服從頭腦控制的身體，終於在被壓迫太久後展開反撲。傅柯說：「靈魂是身體的牢籠。」身體比靈魂更能依直覺感知自己處在什麼情況裡。也好，離開需要不斷用力的場域，就重新聽從身體吧，從上海返台的班機上又是一陣昏睡。

飛機於週五晚間落地，一下機朋友便貼心來接，在車上聊隔日試衣定妝整髮的行程和週日中午的婚宴細節，少了德里的鬧耳喇叭聲，市區閃爍的商店燈光讓人感到熟悉安心。於是懷著「拿個藥以防萬一的心情」，央求朋友回家前帶我去看醫生討個安心。

並非完全不在乎病況，但著實以為自己已好多了，況且人已平安回國，真心不覺得會有什麼大礙。剛發病時，半夜發燒盜汗難以入睡，尿液灼熱成濃茶色，喝再多水也無法沖不淡；幾天後此狀趨緩，但轉為食慾不振、噁心反胃，倒不是不餓，但任何食物都引發噁心感，有幾次甚至吐得難受。渾身無力，夜訪時連站著想專注聽庇護所工作人員簡介都感到艱難，不得不蹲在地上休息才能撐住。

回台前幾天，辦公室甚至一陣風聲鶴唳，我不是唯一生病的人，荷蘭志工抵印沒幾天就感染登革熱，而法律顧問布凡，即便土生土長，同樣閃避不及這夏天普遍的傳染病。同事看我也因病憔悴，急忙帶我到附近診所抽血檢驗，幸好隔天通知呈陰性反應，大夥兒才安下心來。

反倒是自己，待確認不是登革熱後，內心又重新湧起那種必須堅強振作，不該輕易被打倒的心情。想起自己已有太多特權，而那些與我萍水相逢的人，誰又不是尚在水深火熱中浮沉？「柔弱」不該是個選項。

醫師一見我便皺眉說：「你眼白黃了，皮膚也呈臘黃色，自己都沒發現嗎？」還真的沒有，在印度誰會去注意自己的膚色啦？平日生活環境沒有相似的比較值，不會知道自己已變得「不正常」。望聞問切後醫生推測我得了急性肝炎，說那是黃膽汁過度分泌所造成的黃疸。「我們這邊沒辦法幫你，建議趕快轉去大醫院檢查，確定是什麼肝炎後盡快積極治療。」

通俗一點的說法就是我爆肝了。回台本應是為好友獻上最美祝福，一不小心反倒成了拖油瓶，他們明明已為婚禮忙翻，還得再把我轉診，陪等到驗血確定是A型肝炎……。醫生要我立即入院，說我的肝指數已超出正常值數百倍，稍不注意可能升級成更危險的猛爆性肝炎，還說除非是我自己的婚禮，否則強烈不建議離開醫院。

於是伴娘只好放了新人們鴿子，無福消受華美的禮服，當晚隨即換上病人服，獨自在醫院度過漫漫長夜。

那病房即使日光燈死白慘澹，瀰漫著濃厚藥味，畢竟是熟悉的國度語言文化，明白已不再需要武裝自己，反正各種身分已被摘除，徒留下病人角色。肝是全身唯一沒有痛感的器官，所以缺乏真實感的這一切猶如黃粱一夢，只是不確知夢境是此刻還是異域的經歷。弔詭的是，即使科學數值揭示身體發炎程度超越警戒值，表示危機正在身邊徘徊不定，甚至已貼近鼻息，但這竟是這些日子以來，我最安心的時刻。

可又偏偏無法入睡，是因為膽汁還在過度分泌嗎？覺得人生好苦。

明知道該感恩，好像命運冥冥中的安排，即時把我從巨大到難以扭轉，甚至可能撕裂身心的能量場中拉回，明白若無這個約定，我必會繼續待下，但若非此時間限制，自己至今能否安然無恙也未可知。但話雖如此，內心深處的某個角落，比慶幸來得更具存在感的感受，是羞愧。問題就在於，我可以選擇離開，但那些曾與我交集甚而交換生命真誠的人們，沒有這種奢侈。

左手腕的點滴終日不停地將藥一滴、兩滴、三滴……，規律而緩慢地輸入我難以吸收營養的身體，醫生叮囑我最需要的是休息，但我腦袋卻像當機的電腦般不聽指令，逕自堅持自己的高速運轉。許多故事的切面浮現，才知曉它們已深印心底。僅只是蜻蜓點水似地掠過她們生活，和她們一起坐在地上喝茶，抱著她們的娃娃與她們閒聊，經驗卻清楚的揭示那只是片刻安寧。光天化日之下，醉酒男子無故前來謾罵滋事，卡車司機肆意泊在路邊以猥褻言語騷擾，警察仗著公權力威嚇打壓，而光線隱身後的黑夜，一夜好夢是難以企及的奢望，當白日再度降臨，多少歧視欺侮又將重新滲透至她們必須公開在眾人眼前的街頭生活，不給她們一點喘息空間。

那些來自陌生人的負面張力與惡意，不是什麼大奸大惡，也並非直衝著我而來，但或許正是如此，更為這種像輪迴般不斷上演的情景而痛心。

旁人可以撐托住我羸弱的身體，卻修補不了我心裡的破洞。畢竟，讓我難受的不是單一個人，而是整個社會情境，愈用力投入愈感到虛脫，好像對手施行了吸星大法般，不管我再怎麼傾盡全力，不消半刻就被吸進虛空中，被轉為黑暗的養分。

在病床上，前四個月撐起的堅毅，似乎在一夜之間全化成粉塵散去。那隨風逸散的，象徵著僥倖，倖存者得以重新安身，唯將背負一世的罪惡感。

父母從家鄉趕來，代我參加婚禮致意後，母親更請假來照顧我因肝病而限制繁多的飲食，那是第二層羞愧。

噩夢不斷來襲，都是某個經歷變形扭曲後的畫面。然而睜開眼，觸眼所及是病房與親人時，我只得把那些經歷放到記憶深處的夾層。

「身體髮膚受之父母，不可毀傷。」即便研究目的立意良善，但我不僅沒有捍衛到任何人，還讓父母操心，經歷的世界，對他們來說又是那麼詭譎。若不主動提起，他們從不問我究竟去做了什麼，或許最靠近關心的，是母親的一句：「你當初說要去那種地方我就覺得不妥……以後應該不會再去了吧？」

於是，心中即使再有千言萬語，也只能以沉默相應。分裂，是情境要求下不得不衍生的策略。覺得自己好像又靠近了他們一點。

上網搜尋，才發現A肝在發展中國家極為普遍，特點是年紀小時感染則復原機率高，染病時若年紀越大，引起其他併發症的風險也越高。此症得一次便終身免疫，猜想多數印度人大概早有病癒後的自體免疫力了。

親戚朋友前來探病，不免要關心詢問怎麼得病的，我只能輕描淡寫的說：「大概是吃到不乾淨的食物或水吧！」但每次這樣說，內心全是阿古瓦妮的肝病和她日漸憔悴的模樣。猶記得某回探訪，她身體狀況甚至差到無法坐起身子，全程都躺著說話，思緒清晰的她看來難受，我問要不要送她去醫院，她卻說前一天已去，還說肝不好是老毛病（但也可能只是撒謊？）。環顧自己在台灣受到的資源與照顧，對比起曾並肩而坐的人們，他們沒有本錢生病。

八天後，肝指數顯出穩定下降的趨勢，終於獲准出院回家靜養。醫生囑咐隔週要回診檢驗，半年內也不能劇烈運動與飲酒。原以為回來像是如籃球比賽的中場休息，無奈更近似犯規五次後的被禁賽，逼人面對。

兩個世界的分割。回想起那四個月，覺得自己大概像一陣瘋狂的過敏反應，影響到我走過的區域、接觸過的人們。而他們彷彿也觸發我體內的過敏基因，一遇上能撩起相關回憶的事物，胸悶頭痛的症頭浮現，在病床上甚至沒來由就呼吸困難，醫生卻說那和肝炎無關，是我自己杞人憂天，想太多才會恢復緩慢所致。

要怎麼向別人訴說自己的挫敗？尤其在沒有形象明確的加害者時？這場病強硬的讓整個賽季停擺，但難道就是永不撤銷的紅牌？無力曾癱瘓受傷選手的身心，若任其繼續蔓延，可以用轉換跑道來面對困境，但也能將病癒後的免疫力視為經驗值的提升。若身體不需意識操控即能自行演化適應，相信心理狀態也能有重新整裝出發的時候。

改變

除非已放棄嘗試改變，否則失敗僅是一時。我們都還在路上，失敗是過程中必經之路。

人權不只是口號，它讓我們往平等與尊嚴的方向邁進。有時改變甚微，肉眼不能輕易看見，但要相信它們會發生、在發生，我們也要促使它們發生。雖然文化偏見是經年累月的累積，難以一夜翻轉，但制度的修訂能為社會樹立新的評斷標準與看法，甚至加速改變。

之一　偷竊除罪化

二〇一六年，一則國際新聞報導義大利最高法院無罪釋放一名偷東西吃的流浪漢。法官裁決的依據是「生存權凌駕在財產之上」，解釋人若是為生存而偷竊少量食物，不能將其視為犯罪。想起阿拉夫曾說他遇過假裝懷孕，在肚子周圍綁滿酒瓶以走私賺錢的街友女性。「在街頭求生很難不犯法，很多時候遊走法律邊緣都只是為了活下去。」他這麼說。

善惡對錯沒有絕對標準，對「罪」的定義亦非因循守舊、永恆不變。左右判斷的，一直都是我們看待世界的濾鏡與標籤，於是更需要時時討論與調整。

之二 乞討除罪化

對於如何看待乞討行為與乞丐，印度沒有中央統一的立法，然而一九五九年的孟買乞討防治法（註1）成為許多邦的典範，德里亦自一九六〇年施行。在此法之下，乞丐若被捕，最高須入獄服刑三年。阿蒂提就曾因此坐牢。她說自己不偷不搶不做壞事，不懂警察為何可以隨意抓她。那段往事她仍掛在嘴上，說起寒冷冬天在獄中，每天都要早起挖石頭勞動，卻又沒有充足食物可吃，是真艱苦。

認識她時，她住在庇護所裡，靠著每日下午到神廟附近乞討維生。「不然我還能做什麼呢？我已經快六十歲了，眼睛也不好。」但她仍不得不慎，因為那時乞討仍是違法行為，她必須眼觀四面耳聽八方，若警察現身，她就得收斂點，免得一不小心又惹禍上身。

某天下午不見警察，祭拜人潮也尚未湧現，確認不會打擾到她乞討的例行公事後，便與她席地對坐慢慢聊起天來，聊到忘我時，卻突然有群猴子面目猙獰地飛快衝向我們，驚得我們花容失色，後來才恍然大悟牠們是衝來爭搶阿蒂提身邊的一個錫箔小碟。原來有個女信徒留了祭拜用的點心在阿蒂提附近，卻連聲招呼都沒打，要不是我們被猴子大軍所嚇，大概也不會發現她漸漸走遠的背影。確認猴子沒有攻擊性後，我不禁大笑出聲舒緩神經，阿蒂提卻仍一臉慍怒，重複叨念自己不稀罕那種不清不楚的施捨。

這施與受中少了關係的連結。乞丐得以靠施捨為生，但若施者不是為了乞丐，只是為了在神面前拯救自己的靈魂，就有這樣的荒誕發生。

二〇一八年八月，德里高等法院判定孟買乞討防治法當中的大部分條文違憲，並在判決書中表示乞討行為充其量只是病徵，人們會這麼做的根本原因仍是貧窮。乞丐的存在顯示了國家缺乏良好的社會安全網，無法提供人民基本照顧。

雖然遲了五十八年，但這將乞討除罪化的好消息最後還是來了，阿蒂提終於可以不用再提心吊膽或擔心被找碴。而這都是因為，一直有人不放棄。

之三 住房優先

或許更令人雀躍的消息是，某些歐美國家的城市政府（註2）已在嘗試全新的政策行動：用最單純直觀的方法，直接給無家者一個「家」。

乍聽之下這似乎違反邏輯，因傳統社福觀念多認為必須先解決無家者的「個人偏差」問題，如酗酒、用藥成癮、精神情緒不穩、從事非法工作等，才能給他們一如庇護所的暫時住處，更要等到他們復原或矯治至更健全時，才得以擁有自己的家。這思維背後仍隱含著對「什麼人值得接受服務」的判斷，無家者被看作是不夠格擁有自己房子的人，不相信他們返「家」後能獲得穩定。

「住房優先」（註3）計畫則打破傳統觀念，除去評價篩選的機制，不論無家者面臨什麼問題都一視同仁地在短期內無條件的提供住房，而效果竟是出奇的好。

質疑者當然有各種反對理由，例如擔心成效不彰或資源不足。但加拿大梅迪辛哈特市（註4）的市長分析市政預算，發現直接提供住房的費用比起因而動用到的警力及醫療資源來得更低。他們認為庇護所的功用應該只是回應緊急需求，有效處理無家者議題的方式必須減少庇護所，增加更多永久住房。芬蘭同樣在近幾年傳出好消息，首都赫爾辛基也依此政策成功降低無家人口，他們更指出要成功讓更少人落於社會安全網外，更健全的社會住宅政策才是關鍵。「可負擔住房」是政府需要努力的方向，才不會有更多人因貧窮而流落街頭。

該做的事並不是管理無家者，而是幫助他們脫離無家的狀態。

雖然梅迪辛哈特市不大，的僅有六萬兩千名人口，使人們對這樣的成功能否被複製他處仍有質疑，但他們確實證明將無家者人數縮減為零是可能的。雖然這做法不代表再沒有人會從社會安全網掉出成為無家者，但他們努力讓那經驗的時間變得很短很短，他們建構的服務系統已能做到在十天內為初落入流浪狀態之人找到一個「家」。這做法不代表個人問題會奇蹟似的完全消失，那些人仍需要其他社會資源支持。但兩年過去，幾乎沒有人再回到街上。

梅迪辛哈特的市長說：「當你幫他們穩定了現在，他們就能花時間去處理過去的議題或創傷，然後再次往前。」

「住房優先」雖未能改變社會的性別權力架構，亦未著眼於兩性無家者的不同需求，但它吸引人之處正在於它不需要排斥男性無家者，卻能同時給女性自主的空間。若她們不需附屬於男人之下，就能有個遮風避雨的家，雖不代表生命中的其他艱難挑戰會神奇的消失，但那安全空間能讓療癒發生，她們將獲得更多和生命中男人協商的空間與自由。

改變並非一蹴可幾，但這些成功的案例，值得我們參考學習。

回到台灣，我也開始接觸一些服務無家者的組織，從他們身上學習觀點與做法，深刻感受到溫柔同在的力量。

看他們主動接觸無家者，耐心的討論與陪伴，走入被污名者的生命，並從那裡認識污名如何綑綁他們。他們強調關係與相互理解，於是創造機會讓更多人認識無家者的生命歷程。如芒草心基金會舉辦街遊與真人圖書館，建立一般民眾與無家者交流的管道；夢想城鄉則透過各種才藝班方案，為他們建立社會連結，使其能在互動過程中彼此學習與支持；漂泊工站從未忘了從政策面為無家者倡權；浪人食堂則提供他們就業的機會；人生百味更開啟了陪伴無家者女性的外展計畫。

覺得他們在做的就是改變文化之事，撕掉標籤、打破刻板印象，讓無家者不再只是隱身在幽暗角落的幽魂，讓人們知道他們不是象徵或意象的堆疊，每位都是活生生的人。

他們在探問的是，有沒有可能從他們仍在街上時，便努力為其營造「在家」的感覺，用歸屬感去支撐與連繫彼此？雖然自我厭惡可能仍是難以擺脫的感覺，有沒有可能讓她／他們學會和壞感覺共處，慢慢轉化，而不是受其撕裂。事實上，她／他們和我們沒有不同，給她／他們家，不僅是在幫她／他們，也是在幫助我們自己的人性。當她／他們失去對自我的正面評價，同處在社會中的我們也背棄了自己的黑暗面，兩者都喪失了完整性。唯有創造彼此真實互動的情境，我們才能一起邁向完整。

我想我們都還在努力擴充可能性，但那終極目標是一樣的：希望人人有個「家」，而在這其中我們都能感到安全、平等與自由。離抵達終點還有好多好多步，中間可能還是會覺得沉重無力負荷，但至少我們看到了方向。

註1：The Bombay Prevention of Begging Act, 1958。
註2：包括加拿大、美國猶他州鹽湖城、芬蘭，都有進行類似嘗試與計畫。
註3：Housing First。
註4：Medicine Hat。加拿大艾伯塔省的一個城市，位於該省東南部。

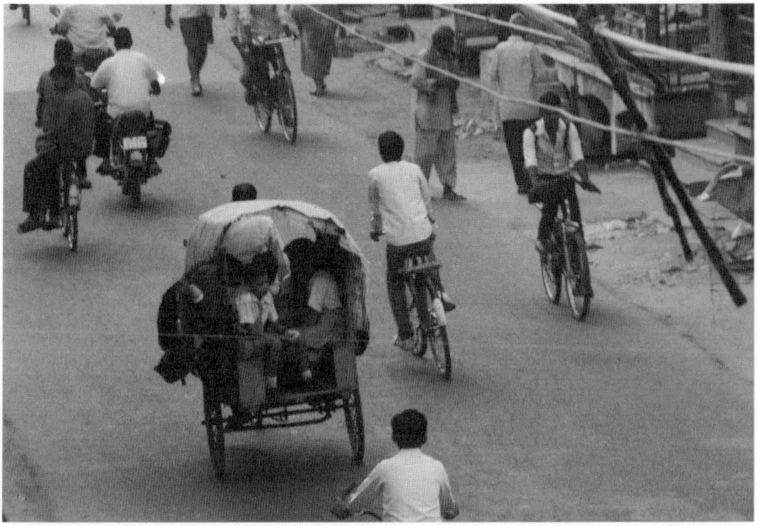

謝辭

本書要獻給那些願意讓我陪她們坐在黃土地上、草地上、水泥地上、毯子上、塑膠布上、瓦楞紙上、車上、車站大樓裡、站在路邊，在各種公眾場所和我談話的無家者女性們。

有些人告訴我更多迂迴的細節，有些人沒現身在故事裡，原諒我因篇幅考量或重複性必須刪減。我在引號中盡力保留她們的話語與口氣，只因翻譯的易讀性而做了些許調整。

縱然在那裡看到了眾多痛苦與無奈，受黑暗力量所傷，這群女人讓我更認識自己，她們用自己的生命故事引領我走入心中的禁忌森林。

我欽佩的看著她們在磨難中仍然發著光，那些畫面在挫折過後依舊充滿動人的能量。

謝謝讓這研究變得可能的所有夥伴朋友，特別是協助將逐字稿從印地語翻成英文的女孩們：卡妮卡、哈許塔、坎娜、曼納卡。

謝謝病弱與低潮時陪伴在側鼓勵著我的每個人。

感謝文化部青年創作計畫的支持。

最後衷心感謝爸媽的包容。

邊緣印度

作者　程敏淑
編輯　李欣蓉
木馬文化社長　陳蕙慧
行銷部　陳雅雯、尹子麟、洪啟軒、余一霞
讀書共和國社長　郭重興
發行人兼出版總監　曾大福
出版　木馬文化事業股份有限公司
發行　遠足文化事業股份有限公司
地址　23141 新北市新店區民權路 108-3 號 8 樓
電話　(02)22181417
傳真　(02)22188057
郵撥帳號　19588272 木馬文化事業股份有限公司
法律顧問　華洋國際專利商標事務所　蘇文生律師
印　　刷　成陽印刷股份有限公司
初　　版　2020 年 05 月
定　　價　370 元

邊緣印度 / 程敏淑著 . -- 初版 . -- 新北市 :
木馬文化出版 : 遠足文化發行 , 2020.05
　面；　公分

ISBN 978-986-359-774-2(平裝)

1. 街友 2. 社會問題 3. 印度

548.87371　　　109002421